ars vivendi

Jens Riesner

Glühende Eisen & knatternde Mühlen

Unterwegs auf der
Nordbayerischen Industriestraße

Ein ars vivendi Freizeitführer

Bei der Realisierung dieses Buches ließen wir größtmögliche Sorgfalt walten. Falls dennoch Informationen falsch oder inzwischen überholt sein sollten, bedauern wir dies, können aber auf keinen Fall eine Haftung übernehmen.

Bildnachweis:
S. 10, 37: Mit freundlicher Genehmigung von Oliver Frank
S. 20: Mit freundlicher Genehmigung des Museums für historische Maybachfahrzeuge
S. 29: Otto Durst/fotolia
S. 44, 47: Mit freundlicher Genehmigung der Stadt Roth
S. 54: Mit freundlicher Genehmigung des Stadtmuseums Schwabach
S. 67, 68: Mit freundlicher Genehmigung der Faber-Castell AG
S. 105: Mit freundlicher Genehmigung des Museums für historische Wehrtechnik Röthenbach
Alle übrigen Fotografien stammen von Jens Riesner.

Erste Auflage August 2016
© 2016 by ars vivendi verlag GmbH & Co. KG, Bauhof 1, 90556 Cadolzburg
Alle Rechte vorbehalten
www.arsvivendi.com

Umschlag: ars vivendi verlag
Umschlagfotografie: Oliver Frank
Lektorat: Ute König, www.besserer-text.de
Satz: ars vivendi verlag
Karte: Dieter Ohnmacht
Druck: GPS Group GmbH, Velden
Printed in the EU

ISBN 978-3-86913-640-0

Inhalt

Vorwort und Danksagung

Liebe Leserinnen und Leser,

was Sie hier in Händen halten, ist gewissermaßen ein Stück Pionierarbeit – denn viele der Themen, die ich Ihnen vorstellen will, sind bisher in keinem populärwissenschaftlichen Buch veröffentlicht worden. Umso mehr freut es mich, Ihnen nun ein Werk vorlegen zu können, das eine industrielle Vergangenheit präsentiert, die vielerorts aus dem öffentlichen Gedächtnis verschwunden ist.

Die möglichst unterhaltsame Präsentation dieses an sich komplexen Themenbereiches wäre ohne die tatkräftige Mithilfe der beteiligten Museen nicht möglich gewesen. Den Mitarbeiterinnen und Mitarbeitern, die alle Texte einer kritischen Überprüfung unterzogen haben, gilt mein ganz besonderer Dank.

Nun wünsche ich Ihnen viel Vergnügen auf der Reise durch Franken und die Oberpfalz – sowie in die Geschichte von Erz und Eisen!

Zirndorf im Mai 2016   Jens Riesner

Einleitung

Die Faszination von klappernden Mühlen und stampfenden Maschinen ...

Kaum ein Ereignis hat die Welt in den vergangenen 200 Jahren so grundlegend verändert wie die industrielle Revolution. Moderne Fabrikanlagen ermöglichten die Massenproduktion, die Eisenbahn revolutionierte das Transportwesen und immer wieder sorgten neue Erfindungen für Aufsehen. Gleichzeitig zogen Tausende von Arbeitern in die Städte, um ihr Glück zu finden, und endeten meist als arme Fabrikarbeiter in den neu gebauten Wohnburgen der ständig wachsenden Städte.

Allerdings wird diese einschneidende Epoche in Deutschland fast ausschließlich mit dem Ruhrgebiet in Verbindung gebracht. Dass sich während der Industrialisierung gerade in Nordbayern ein ähnlich bedeutsames industrielles Zentrum etablierte, ist bislang nur wenigen bekannt. Nürnberg und sein direktes Umland waren aber bereits im Mittelalter eines der bedeutendsten Handelszentren des Deutschen Reiches. Im 19. Jahrhundert wurde die Region schließlich zu einem der ersten und wichtigsten Industriestandorte Süddeutschlands. Gleichzeitig hatte sich in der Oberpfalz rund um Sulzbach-Rosenberg eines der wichtigsten Erzabbaugebiete Deutschlands entwickelt, das zeitweise eine ähnliche Bedeutung wie das Ruhrgebiet erlangte.

Der tiefgreifende Strukturwandel der 1990er-Jahre hat die Industrie aber weitestgehend verdrängt. Statt großer Fabrikhallen dominieren Logistikzentren und Bürokomplexe die modernen Gewerbegebiete des 21. Jahrhunderts. Nur wenig erinnert heute noch an die schwere und gefährliche Arbeit in den Fabriken des Industriezeitalters, so scheint es zumindest. Doch die industrielle Revolution hat ihre Spuren hinterlassen. Sie zeigt sich nicht nur in den vielen unterschiedlichen Museen, sondern auch an zahlreichen anderen Stellen.

Die »Nordbayerische Industriestraße« hat sich in den letzten Jahren zu einem der wichtigsten Projekte zur Dokumentation der industriellen Geschichte zwischen Nürnberg, Lauf, Sulzbach-Rosenberg und Schwandorf entwickelt. Entlang dieser Kulturroute wird das vielfältige Spektrum der industriellen Revolution mit spannenden Ausstellungen und einmaligen Denkmälern wieder zum Leben erweckt.

Dieses Buch nimmt Sie mit auf 20 Entdeckungsreisen zu den Spuren der Industriegeschichte und zeigt Ihnen die ebenso spannende wie abwechslungsreiche Themenwelt zwischen dampfenden Fabrikanlagen, klappernden Mühlen und historischem Siedlungsbau.

Eine Schmiedevorführung im »Historischen Eisenhammer Eckersmühlen« – nur eine von zahlreichen spannenden Erfahrungen, die Sie auf den Touren machen können ...

Burgthann
Auf Bayerns größtem Industriedenkmal

Der Ludwig-Main-Donau-Kanal galt als das ambitionierteste Projekt des bayerischen Königs Ludwig I. Der Kanal sollte der Wegbereiter der bayerischen Industrie werden und kam doch zu spät. Denn das umfassendste Infrastrukturprojekt seiner Zeit wurde von der industriellen Revolution überrollt. Dennoch ist es heute das größte und meistbesuchte Industriedenkmal in Bayern. Im »Kanalmuseum Burgthann« wird die Entstehungs- und Nutzungsgeschichte des »Alten Kanals« dokumentiert. Dort ist auch der Ausgangspunkt einer Rundwanderung zu einigen der sehenswertesten Abschnitte des Bauwerks.

Tour: Entdeckungsreise von Burgthann über den Kanal nach Pfeifferhütte, zum Distellochdamm, zum Treidelkahn »Elfriede« in Schwarzenbach und zum Dörlbacher Einschnitt.

Länge: Rundwanderung am Kanal (10 km – optional mit Dörlbacher Einschnitt 13 km); Radtour zum Brückkanal (18 km).

Dauer: 45 Min. Museum + 100 Min. Fahrradausflug + 3 Std. Wanderung.

Familie: Beide Routenvorschläge sind eben und verlaufen auf gut befestigten Straßen am Ufer des Ludwig-Main-Donau-Kanals. Ein besonderes Erlebnis für Kinder ist die historische Treidelfahrt. Das Museum ist mit vielen Treppen versehen.

Saison: Ganzjährig, die üppige Vegetation bietet zu jeder Jahreszeit ein reizvolles Ausflugserlebnis.

Varianten: Der Rundgang kann um die Einschnitte in Dörlbach und Unterölsbach erweitert werden (10 km einfach). Zwischen Feucht und Neumarkt bestehen immer wieder Möglichkeiten, mit der S-Bahn (S3) zum Ausgangspunkt in Burgthann zurückzukehren.

Anfahrt: *Kfz:* Über die B 8 Nürnberg–Neumarkt, Abfahrt Burgthann. Der Beschilderung Richtung Burg folgen. *ÖPNV:* Die S-Bahn-Linie 3 hält in Burgthann direkt am Ludwigskanal.

Service: Gaststätten befinden sich in direkter Umgebung am Burgberg oder in der Schwarzachstr. Das Museum verfügt über einen kleinen Museumsshop; es ist nicht barrierefrei.

Die Geschichte des »Alten Kanals«

Der Ludwig-Donau-Main-Kanal, Ludwigkanal oder einfach »Alte
Kanal«, war die größte künstlich erschaffene Wasserstraße im Bayern der industriellen Revolution und ist ein bedeutendes Relikt der
Industriegeschichte. Er verband als modernste Wasserstraße des
19. Jahrhunderts den Main bei Bamberg mit der Donau bei Kelheim. Diese Verbindung ermöglichte den Transport von Rohstoffen und Waren zwischen der Nordsee und dem Schwarzen Meer.
Vorbei an Erlangen, Fürth, Nürnberg und Neumarkt verlief die 177
Kilometer lange Trasse entlang aller damals wichtigen Handelszentren der Region. Doch schlechte Planung und der Siegeszug
der Eisenbahn nährten bereits vor Abschluss der Baumaßnahmen
ernsthafte Zweifel am Erfolg der Wasserstraße.

Bereits im achten Jahrhundert hatte Karl der Große die »Fossa
Carolina« errichten lassen, eine Wasserstraße, welche die Altmühl
und die Schwäbische Rezat miteinander verband. Auch wenn dieses Projekt schnell wieder aufgegeben wurde, bildete es doch den
Grundstein für die Idee, die Donau mit dem Main zusammenzu-
führen und somit eine durchgehende Verbindung vom Schwarzen
Meer bis zur Nordsee zu schaffen.

Mit dem bayerischen König Ludwig I. fand sich im 19. Jahrhundert ein begeisterter Befürworter dieses Gedankens. Er gab bereits
kurz nach seiner Thronbesteigung im Jahr 1825 die ersten Pläne
für die Umsetzung eines solchen Projektes in Auftrag. 1834 wurde
schließlich das Gesetz »zur Erbauung eines Kanals, die Verbindung der Donau mit dem Main betreffend« erlassen. Zur Sicher-
stellung der Finanzierung gründete sich 1835 ein entsprechender
Aktienverein.

Am 1. Juli 1836 konnten schließlich die Arbeiten am Ludwigskanal beginnen. Eine besondere Herausforderung war die Überbrü-
ckung der »Europäischen Hauptwasserscheide« bei Neumarkt, die
ein aufwendiges Damm- und Schleusensystem erforderte. Obwohl
die Erdaushübe schnell vorangingen, kam es im Verlauf der Fertigstellung immer wieder zu größeren Verzögerungen. Zwar waren
1840 bereits 90 der 100 Schleusen gebaut, doch insbesondere die
Probleme mit dem Schwarzach-Brückkanal, der wieder abgerissen
und neu aufgebaut werden musste, sowie Schwierigkeiten mit der
Wassertiefe verzögerten mehrfach die Fertigstellung im Abschnitt
südlich von Nürnberg.

Als König Ludwig I. schließlich die Eröffnung des Kanals für den 6. Mai 1843 anordnete, waren längst nicht alle Probleme behoben. Dennoch legten die ersten Treidelschiffe, so der Name der Transportkähne, am Eröffnungstag unter Kanonendonner in Bamberg ab und konnten immerhin bis nach Nürnberg fahren. Damit hatte die Schifffahrt auf dem Kanal begonnen, auch wenn die Bauarbeiten im südlichen Abschnitt noch bis 1845 andauerten.

Die Wasserstraße war eine technische Meisterleistung des 19. Jahrhunderts und dennoch schon bei ihrer Fertigstellung nicht mehr konkurrenzfähig. Aufgrund der rasanten Verbreitung der Eisenbahn gab es wesentlich schnellere und flexiblere Transportmöglichkeiten. Außerdem waren die Lastkähne des Kanals für die Beförderung großer Mengen schlichtweg zu klein konstruiert worden. Um eine echte Alternative zum Bahnverkehr gewesen sein zu können, hätten deutlich größere Mengen transportiert werden müssen, doch die Breite und Tiefe des Kanals erlaubten keine größeren Boote. Deshalb verzeichnete die Aktiengesellschaft ab 1863 kontinuierliche Verluste. Zwar nahm die Menge der beförderten Güter bis 1900 weiter deutlich zu, doch um gegen die Eisenbahn bestehen zu können, mussten die Gebühren für Schleusen und

Der »Alte Kanal«, wie hier am Brückkanal bei Feucht, ist ein beliebtes Naherholungsgebiet.

Häfen immer wieder gesenkt werden. Ab der Jahrhundertwende ging dann die industrielle Nutzung stetig zurück.

Stattdessen wurden die Treidelpfade bei der Bevölkerung zum beliebten Ausflugsziel für den Sonntagsspaziergang. Auf dem Wasser übernahmen so in den 1920er-Jahren die berühmten Schlagrahmdampfer die Kontrolle, um Ausflügler zu den zahlreichen Lokalen entlang des Kanals zu transportieren, von denen sich bis heute noch einige erhalten haben.

Das Ende des Kanals kam letztlich in der Zeit des Nationalsozialismus, als die Personenschifffahrt zum unerwünschten Luxus erklärt wurde. Das Gewässer und die Schleusenanlagen verfielen zusehends, sodass 1950 die endgültige Auflassung des Kanals erfolgte.

Während einige Teilabschnitte bis heute erhalten geblieben sind, wurde die nördliche Trasse zwischen der Nürnberger Gartenstadt und Bamberg als Grundlage für die heutige Autobahn 73 genutzt. Doch trotz der wirtschaftlichen Misserfolge hat der Kanal

Die nachgebildete Schusterwerkstatt im »Heimat- und Kanalmuseum Burgthann«

auch einen modernen Nachfolger erhalten. Der Main-Donau-Kanal, im Volksmund auch der »Neue Kanal«, wurde zwischen 1960 und 1992 erbaut und verläuft nahezu parallel.

Das Museum – Kanalgeschichte und Geschichten

Auf der Burg der mittelfränkischen Gemeinde Burgthann wurde dem Ludwigskanal ein eigenes Museum gewidmet. Das Kanal- und Heimatmuseum dokumentiert die Geschichte des Mammutprojektes und der damaligen Technik.

Mit vielen ausgewählten Exponaten – wie Schiffsmodellen, Werkzeugen und während der Baumaßnahmen gefundenen Fossilien – führt die kurzweilige Ausstellung durch die verschiedenen Stadien des Ludwigkanals, beginnend bei der Vorgeschichte über die Planung und die Bauphase bis hin zum Schifffahrtsbetrieb. Auch die Konkurrenz zur Eisenbahn und das Ende des Kanals werden hier ausführlich erklärt. Sollten aber trotz aller Ausführlichkeit noch Fragen offen sein, helfen die Mitglieder des Burgvereins Burgthann gerne mit ihrem umfangreichen Wissen weiter.

Heimat- und Kanalmuseum Burgthann
Burgstr. 2, 90559 Burgthann
Tel. 0 91 87/4 18 05, www.burgverein-burgthann.de
Das Museum ist wegen Umbau bis auf Weiteres nur sporadisch
    geöffnet.
Aktuelle Informationen auf www.industriegeschichte.net
Fintritt frei

Der zweite Teil des Museums beschäftigt sich mit dem Handwerk und dem Leben in Burgthann. Die Ausstellung führt zunächst durch traditionelle Lebenswelten des 19. und 20. Jahrhunderts – wie Wohnräume und Klassenzimmer. Die weiteren Räume beherbergen unterschiedlichste Handwerksstuben, wie sie Oma und Opa vielleicht noch selbst gekannt haben. Vorbei an Werkstätten von Bürstenmachern, Schustern, Badern und Schneidern zeigt das Heimatmuseum die Entwicklung vom »reinen« Handwerk hin zur maschinenunterstützten Fertigung, die auch in den ländlicheren Regionen ab Ende des 19. Jahrhunderts Einzug hielt. Besonders reizvoll ist ein Besuch, wenn der Förderverein zum Burgfest oder zum »Lebendigen Museum«, meist am letzten Sonntag im Monat, einlädt. Dann werden die Werkstätten besetzt und das Handwerk wird live vorgeführt.

In Kombination mit einem ausführlichen Spaziergang am »Alten Kanal« kann sich der Besucher ein einmaliges Bild vom Leben und Arbeiten entlang der künstlichen Wasserstraße machen und sich auf einen Ausflug in längst vergangene Zeiten begeben.

Eine Entdeckungsreise am Kanal

In der näheren Umgebung von Burgthann befinden sich auf kurzer Distanz verschiedene interessante Besonderheiten, die zeigen, welch außergewöhnliche technische Leistung damals nötig war, um den Kanal zu erbauen. Südlich von Burgthann, in unmittelbarer Nähe der S-Bahnstation, sind die **Schleuse 35** und das gleichnamige Gasthaus. Hier bietet sich der ideale Einstieg für eine Rundwanderung. Unterwegs finden sich verschiedene Möglichkeiten, die Route zu verlängern oder abzukürzen.

Vom Bahnhof aus verläuft der Rundgang zunächst nach Westen, unter dem Bahndamm hindurch und durch einen sehr waldreichen

Der historische Treidelkahn »Elfriede« am Kanalabschnitt Schwarzenbach

Abschnitt bis zu den **Schleusen 36** und **37**. Besonders letztere ist aufgrund ihres guten Zustandes sehenswert, denn hier hat sich ein komplettes Ensemble mit Steinbrücke und Schleusenwärterhäuschen erhalten. Zwischen Burgthann und dem zwölf Kilometer entfernten Brückkanal befindet sich ein regelrechter Schleusenwald mit 24 Anlagen, die teilweise dicht hintereinander angebracht wurden.

Auch auf dieser Route folgen noch die **Schleusen 38** und **39**, ehe bei Schleuse 40 die »**Lände Pfeifferhütte**« erreicht ist. Es handelt sich um einen der vielen kleinen Verladehäfen, an denen entlang des Kanals Waren umgeladen oder in Holzhütten zwischengelagert wurden.

Nun geht es zunächst wieder zurück nach Burgthann und von dort aus weiter in Richtung Osten. Nach kurzer Zeit fällt das Ufer auf der linken Seite deutlich ab. Es handelt sich um den **Distellochdamm**. Indem die Arbeiter das an anderer Stelle abgetragene Erdreich nutzten, um an niedriger gelegenen Stellen Dämme zu errichten, konnte der Kanal hinter Burgthann auf der Länge von 24 Kilometern ohne Schleusen erbaut werden. Der Distellochdamm ist 319 Meter lang und teilweise 29 Meter hoch. An beiden Enden wurden Sicherheitstore angebracht. Diese konnten im Fall eines Dammbruchs geschlossen werden, um eine Überflutung des Tales zu verhindern.

Direkt hinter dem Damm in **Schwarzenbach** befindet sich die Anlegestelle des historischen **Treidelkahns »Elfriede«**. Von hier starten auch in den Sommermonaten die historischen Rundfahrten. Wer also gerne an einer Treidelfahrt mit historischem Pferdefuhrwerk teilnehmen möchte, muss sich hier einfinden.

Nochmals etwa einen Kilometer weiter östlich liegt der **Dörlbacher Einschnitt**. Auf 870 Metern wurde hier eine 19 Meter tiefe Schneise in den Berg gegraben, um den Höhenunterschied auszugleichen. Bis zu 300 Arbeiter wurden eingesetzt, um den Durchbruch fertigzustellen. Um den Aufwand beim Bau zu verringern, wurde der Kanal an solchen Durchbrüchen immer auf eine Fahrrinne verengt.

Von hier aus führt der Rundgang nun wieder zurück zum Ausgangspunkt nach Burgthann. Für Radtouren besteht auch die Möglichkeit, den Weg in Richtung Südosten bis nach Neumarkt (16 km) fortzusetzen und von dort aus mit der S-Bahn-Linie 3 nach Burgthann zurückzukehren.

Am Rande des Weges –
die Papiermühlen von Burgthann

Unterhalb der Burganlage fließt die Schwarzach durch Burgthann. An ihrem Ufer befinden sich zwei ehemalige Papiermühlen, die auf eine lange und ruhmreiche Tradition zurückblicken. Bereits in der zweiten Hälfte des 12. Jahrhunderts wurde die »Obere Papiermühle« gegründet. Die Nähe zur Druckereistadt Nürnberg verschaffte der Mühle ab 1669 viele Aufträge und ließ den Betrieb kontinuierlich wachsen. 1701 übernahm die Familie Heerdegen die Mühle und baute diese weiter aus. Um die Produktion zu erweitern, wurde 1727 die »Untere Papiermühle« errichtet. Die Mühlentradition setzte sich bis Ende des 19. Jahrhunderts fort. Nach der Stilllegung wurde die »Untere Papiermühle« in eine Kammfabrik umgewandelt. Heute ist dort die Firma »Hans Meyer« ansässig. In die obere Mühle zog ab 1862 der *Landgasthof Blaue Traube*, der bis heute existiert. Ein kleiner Spaziergang entlang der »Unteren Eichenstraße« führt direkt an beiden Anwesen vorbei. Da die »Untere Papiermühle« in Privatbesitz ist, kann sie zwar nicht betreten werden, aber bereits der Anblick von außen zeugt von der einstigen Größe. Im Gasthof bekommt man dagegen einen direkten Einblick in das ehemalige Gebäude, auch wenn heute nur noch wenig an die einstige Funktion erinnert.

Die »Untere Papiermühle« in Burgthann

Zwischen Motoren, Ludwigskanal und Brautradition

Tour: Rundgang durch die abwechslungsreiche Industriegeschichte der Stadt Neumarkt in der Oberpfalz. Zusätzliche
Wandermöglichkeit entlang des Ludwigskanals.

Länge: 4,5 km Rundgang durch Neumarkt; 30 km Radtour am
»Alten Kanal« von Neumarkt nach Burgthann und zurück.

Dauer: 60 Min. Museum + 80 Min. Rundgang + 150 Min. Fahrradausflug.

Familie: Sowohl der Rundgang als auch der Radweg führen über
gut ausgebaute Straßen und sind für Familien geeignet. Das
Museum bietet die Kinderführung »Maybach erleben« an.

Saison: Der Stadtrundgang und der Museumsbesuch sind ganzjährig möglich, der Radweg am Kanal wird allerdings im Winter nicht geräumt.

Varianten: Für kürzere Fahrradrouten oder ausgedehnte Wanderungen empfiehlt es sich, den Kanal nur bis Berg zu befahren
bzw. zu begehen, denn die Route ist dann nur halb so lang.
Für Bierfreunde bietet sich die Möglichkeit, eine Brauereitour
zu unternehmen. Von der *Glossner*-Brauerei ausgehend führt
diese Variante zur *Gansbrauerei* (Ringstr.), dann weiter zum
Neumarkter Lammsbräu (Amberger Str.) und wieder zurück
(4 km). Letztere bieten bei Vorbuchung sogar eine Kinderführung an.

Anfahrt: *Kfz:* Über die A 3, Ausfahrt Neumarkt, dann der Muse-
umsroute folgen. *ÖPNV:* Die S-Bahn-Linie 3 hält am Bahnhof
in direkter Nähe des Museums.

Service: Das Museum ist barrierefrei und verfügt über einen
Shop und ein eigenes Bistro. Im Museumsshop können
weiterführende Materialien zum Thema Maybach erworben
werden.

Die Stadt Neumarkt in der Oberpfalz besitzt eine vielfältige industrielle Vergangenheit. Während die traditionsreichen Brauereien

bis heute über die Region hinaus bekannt sind, sind von den berühmten »Express-Motorrad-Werken« heute nur noch die ehemaligen Fabrikhallen erhalten geblieben. Doch in diesen haben die Themen Motoren und Fahrzeuge wieder eine neue Bedeutung bekommen. Seit einigen Jahren befindet sich das »Museum für historische Maybach-Fahrzeuge« in den geschichtsträchtigen Hallen.

Die Geschichte der »Express-Werke«

Die Neumarkter Industriegeschichte ist eng mit dem Aufstieg der »Express-Werke« verbunden, in deren alten Werkshallen heute das »Museum für historische Maybach-Fahrzeuge« eingezogen ist. Das Logo mit dem springenden Windhund ist bei Zweiradfreunden bis heute gern gesehen und ein wichtiger Bestandteil der Neumarkter Identität.

Als geistiger Vater der »Express-Werke« ist Carl Marschütz zu nennen, der zunächst als Kaufmannslehrling in der Neumarkter Eisenwaren- und Herdfabrik der Brüder Goldschmidt arbeitete. Seine wahre Begeisterung galt jedoch dem Velociped, dem Vorläufer des Fahrrads. Da ihm als junger Mann aber schlicht das Geld fehlte, sich diese Wundermaschine zu kaufen, begann er damit, eigene Konstruktionen anzufertigen. Immer wieder verbesserte und verfeinerte er das Gerät, ehe er es gemeinsam mit dem Nürnberger

Neuer Mieter im geschichtsträchtigen Ambiente: In den ehemaligen Fabrikräumen der Express-Werke befindet sich heute das »Museum für historische Maybach-Fahrzeuge«.

Mechaniker Eduard Pirzer den Gebrüdern Goldschmidt vorstellte.

Besonders Joseph Goldschmidt fand Gefallen an der Idee und gründete im Januar 1884 mit der »Velociped-Fabrik Neumarkt Goldschmidt und Pirzer« in der Holzgartenstraße die erste Fahrradfabrik auf dem europäischen Festland. Zwar schieden Carl Marschütz und Eduard Pirzer nur wenige Jahre später wieder aus der Firma aus, aber der Grundstein war gelegt. Schnell entwickelte sich die Fahrradfabrik zu einem florierenden Unternehmen. Als Joseph Goldschmidt bereits 1896 im Alter von 55 Jahren starb, wurde die Firma in eine Aktiengesellschaft umgewandelt und erhielt ihren späteren Namen. Die »Express-Fahrradwerke AG« war entstanden.

Als zur Jahrhundertwende die ersten Motorfahrzeuge den Markt eroberten, begannen auch die »Express-Werke« mit der Fertigung von ersten Motorrädern und kleinen Automobilen. Die notwendigen Motoren wurden zunächst aus Frankreich importiert, ehe bald eigene Konstruktionen verwendet werden konnten. Die Umstellung auf motorbetriebene Zweiräder bescherte den »Express-Werken« wieder deutliche Umsatzgewinne.

Der Erste Weltkrieg brachte zunächst einen großen Rückschlag für die »Express-Werke«, die erst 1919 wieder den Betrieb aufnehmen konnten. Bis zur ersten Produktion von Motorrädern dauerte es dann sogar noch bis 1930. Erneut stellte sich der Erfolg der »Express«-Räder ein und das Unternehmen sollte bis zum Ausbruch des Zweiten Weltkrieges seine Blütezeit erleben, während der viele der heutigen Motorradlegenden entstanden. Doch ein weiterer Krieg verwüstete Europa und die »Express-Werke« mussten 1947 erneut bei null beginnen. Dieses Mal gelang die Wiederaufnahme der Produktion allerdings deutlich schneller als noch 1918.

In den 1950er-Jahren folgte schließlich der rapide und unaufhaltsame Niedergang der gesamten deutschen Zweiradindustrie. Noch 1953 hatte die Einführung eigener Mopeds zu einem deutlichen Umsatzgewinn geführt. Doch entgegen aller optimistischer Planung ließ das Interesse am Zweirad in den Folgejahren deutlich nach, das Automobil eroberte die Straßen. Die großzügig getätigten Investitionen der »Express-Werke« konnten daraufhin nicht mehr erwirtschaftet werden und die Fabrik geriet immer weiter unter Druck. Schließlich übernahm die Nürnberger »Zweirad-Union« in einem letzten Rettungsversuch die »Express-Werke«, doch am 30. September 1959 schloss das Werk in Neumarkt endgültig.

Die Sammlung wertvoller Maybachs bildet den Kern der kurzweiligen Ausstellung.

Das Museum – der Mythos Maybach

Natürlich hat die Firma Maybach niemals in Neumarkt oder Umgebung produziert. Dennoch hat das »Museum für historische Maybach-Fahrzeuge« in den Hallen der ehemaligen »Express-Werke« seinen idealen Platz gefunden. Sogar das Schicksal beider Firmen gleicht sich, denn auch Maybach überstand die 1950er-Jahre nicht und wurde 1960 von »Daimler Benz« übernommen.

Es ist dem Ehepaar Hofmann zu verdanken, dass beide Traditionsmarken in Neumarkt ein eigenes Museum erhalten haben, wobei natürlich der Maybach eindeutig im Vordergrund steht. Die begeisterten Sammler suchten vor einigen Jahren das passende Ambiente, um ihre Fahrzeuge auszustellen und wurden in Neumarkt fündig. Auf 2500 Quadratmetern werden die Besucher nun auf eine Entdeckungsreise zum »Mythos Maybach« eingeladen.

Ihren außerordentlichen Ruf hat die Firma mit dem Doppel-M-Emblem nicht zuletzt dem Modell »Zeppelin« zu verdanken, dem größten und luxuriösesten deutschen Automobil der 1930er-Jahre –, angetrieben von einem beeindruckenden Zwölfzylindermotor. Der Name dieser Luxuskarosse verweist auf den Ursprung des Unternehmens, das Wilhelm Maybach 1909 gemeinsam mit Ferdinand Graf von Zeppelin ins Leben gerufen hatte. Die beiden Gründer hatten aber mit Automobilen, insbesondere mit denen im Luxusbereich, keinerlei Kontakt. Vielmehr bauten sie leistungsstarke Motoren für deutsche Luftschiffe. Erst als mit dem Ende des Ersten Weltkrieges 1918 der Bau von Luftschiffen und Flugzeugen im Deutschen Reich verboten worden war, musste sich das Unternehmen nach anderen Nutzungsmöglichkeiten für seine hervorragenden Motoren umsehen. Also wurden Automobile und Dieselmotoren produziert. 1921 stand der erste Maybach »W3« auf der Berliner Automobilausstellung. Die Luxusfahrzeuge fanden erwartungsgemäß besonders in der Oberschicht regen Anklang, doch bereits 1941, nur 20 Jahre nach dem Bau des ersten Fahrzeugs, war die Automobilgeschichte von Maybach wieder beendet. Der Zweite Weltkrieg forderte Motoren für Panzer und kleine Sturm-boote.

Zwar wurde der Betrieb nach dem Krieg wieder aufgenommen, Automobile wurden allerdings nicht mehr gefertigt. Insgesamt stellte Maybach nur 2300 Fahrzeuge her. Der hohe Komfort und die geringe Stückzahl trugen in der Folgezeit aber dazu bei, dass um den Maybach ein Mythos entstehen konnte. Mercedes versuchte 2002 noch einmal die Marke aufleben zu lassen, doch trotz der beeindruckenden Luxuslinie war sie aus finanzieller Sicht ein Miss-erfolg und wurde 2013 wieder eingestellt.

Museum für historische Maybach-Fahrzeuge
Holzgartenstr. 8, 92318 Neumarkt in der Oberpfalz
Tel. 0 91 81/ 48 77 71 00, www.automuseum-maybach.de
Mai–Okt Di–Fr 11.00–17.00, Sa u. So 10.00–17.00
Nov–Apr DI–So 11.00–17.00
Familienkarte 18 €, Erwachsene 9 €, Schwerbehinderte 8 €
Schüler/Studenten 5 €, Kinder bis 6 Jahre frei

Das »Museum für historische Maybach-Fahrzeuge« präsentiert die Geschichte der Luxusmarke von den Anfängen im Luftschiffbereich bis zur Neuauflage in unserer Zeit. Mit vielen spannenden Expo-naten lässt sich die Entwicklung auf besonders interessante Weise nachvollziehen. Hauptattraktion sind natürlich die Fahrzeuge, von denen jedes für sich seine ganz eigene Geschichte zu erzählen hat.

Ein Rundgang durch die Neumarkter Industriegeschichte

Die Stadt Neumarkt in der Oberpfalz bietet die Möglichkeit, die industrielle Entwicklung des 19. Jahrhunderts zwischen traditionellem Handwerk und maschineller Fertigung zu entdecken. Ausgangspunkt ist das »**Museum für historische Maybach-Fahrzeuge**« in der Holzgartenstraße.

Die historischen Fabrikhallen der »Express-Werke« sind in ihrer Baustruktur erhalten geblieben, daher lohnt sich ein Rundgang um den Gebäudekomplex, um sich einen Eindruck von der ehemaligen Größe der Fabrik zu verschaffen. Von hier aus führt der Rundgang nach Norden an der Ingolstädter Straße entlang. An der ersten großen Kreuzung passiert man das rechts liegende **Finanzamt aus dem Jahr 1911**.

Gegenüber befindet sich der **Obere Ganskeller**. Er gehört zu der traditionsreichen *Gansbrauerei*, die bereits seit 1580 existiert. Die lange Brautradition in Neumarkt wird durch das *Neumarkter Lammsbräu* und die *Glossner Brauerei* komplettiert.

Über die »Obere Marktstraße« führt der weitere Weg in die direkt rechts abgehende Rosengasse. Dort befindet sich die **Brauerei Glossner**, die ebenfalls im 16. Jahrhundert gegründet wurde. Sie beheimatet ein eigenes Brauereimuseum. Hier bietet sich die Möglichkeit, vieles über die traditionellen Braumethoden und deren Veränderung im Laufe der Jahrhunderte zu erfahren. Das Museum ist auf Nachfrage begehbar. Das zugehörige *Bräustübl* steht für eine kurze Rast oder eine Bierprobe bereit.

Der Stadtrundgang führt nun zum **Stadtmuseum** von Neumarkt. Der Weg dorthin verläuft zurück durch die Rosengasse und über die »Obere Marktstraße« direkt zum »Viehmarkt«. Folgt man diesem bis zur historischen Stadtmauer, geht es dort rechts in die Pulverturmgasse. In unmittelbarer Nähe befindet sich die Adolf-Kolping-Straße mit dem Stadtmuseum. Das Museum zeigt Interessantes und Wissenswertes rund um die »Express-Werke« und das traditionelle Handwerk.

Für alle Besucher, die es vorziehen, an der frischen Luft zu bleiben, ist zu empfehlen, direkt zum Ludwigskanal weiterzugehen. Hierfür folgt man erst der »Oberen«, dann der »Unteren Marktstraße« Richtung Norden bis zum Stadttor und dann deren Verlängerung, der Nürnberger Straße. Diese führt direkt zum ehemaligen **Neumarkter Kanalhafen** (s. auch S. 26). Trotz des Siegeszuges der

Alte Bierfässer im Hof der *Brauerei Glossner*

Eisenbahn war auch hier die Wasserstraße ein wichtiger Transport-
weg, besonders für Schüttgut. Am Hafenufer befindet sich ein
historischer Ladekran und ein Relief unter der Brücke zeigt den
berühmten **Treidelkahn »Elfriede«** (s. auch S. 16f.).

Vom Neumarkter Kanalhafen erreicht man über den Bahnhof
auch wieder die Holzgartenstraße und damit den Ausgangspunkt
des Rundganges.

Vom Kanalhafen aus können aber auch mehrere Gelegenheiten
wahrgenommen werden, eine ausgedehnte Wanderung oder eine
Radtour zu starten. In Richtung Norden kann man dem Kanal 18
Kilometer bis nach Burgthann folgen und damit an die Route der
ersten Tour (s. S. 16f.) anschließen. Besondere Sehenswürdigkeiten entlang der Strecke sind der Kettenbach-Leitgraben, die
Scheitelhaltung über die »Europäische Hauptwasserscheide«, der
Oberölsbacher Einschnitt und das Projekt »Kunst am Kanal«. Mit
der S-Bahn-Linie 3 kommt man dann zurück nach Neumarkt und
also wiederum in unmittelbare Nähe des »Museums für historische
Maybach-Fahrzeuge«.

Am Rande des Weges – der Kanalhafen Neumarkt

Nordwestlich der Neumarkter Altstadt befindet sich der ehemalige Hafen des Ludwigskanals. Beim Bau der Wasserstraße wurden neben mehreren kleinen Anlege- und Lagerstellen (sogenannten Länden) auch insgesamt sieben große Häfen in Bamberg, Forchheim, Erlangen, Fürth, Nürnberg, Kelheim und Neumarkt angelegt. Diese sollten an den größten Handelszentren entlang des Kanals die lokale Wirtschaft beleben und als Warenumschlagplätze dienen. Der Hafen in Neumarkt war mit mehreren Anlegestellen und Ladekränen ausgestattet. Die Waren wurden in hölzernen Lagerhallen untergebracht und von dort abtransportiert.

Zudem sorgte der Hafen natürlich auch für wichtige Arbeitsplätze: In kleineren Anlagen arbeitete ausschließlich ein Hafenmeister, der alle Aufgaben des laufenden Betriebes zu erfüllen hatte, während in den größeren Häfen eigene Kranarbeiter, Lagerhausverwalter und Einnehmer für die Liegegebühren angestellt waren.

Ein kleiner Rundgang um die ehemalige Hafenanlage in Neumarkt bietet einen ungefähren Eindruck ihrer ehemaligen Funktionsweise, auch wenn heute neben dem Hafenbett nur noch ein alter Ladekran erhalten geblieben ist.

Blick auf den ehemaligen Kanalhafen in Neumarkt

Allersberg
Auf den Spuren von Jacob Gilardi

3

Die einstmals weltbekannte Drahtzieherei Jacob Gilardi hat das Stadtbild des Marktes Allersberg fast 300 Jahre lang geprägt und deutliche Spuren hinterlassen. Dennoch ist die Geschichte des Unternehmens außerhalb der Gemeinde nahezu unbekannt – und das obwohl diese einen guten Hollywoodstreifen abgeben würde, da sie die optimalen Zutaten dafür besäße. Hier geht es um Liebe, Schicksalsschläge, Industriespionage, große wirtschaftliche Erfolge und Niederlagen. Es lohnt sich also, die Firma Gilardi einmal näher zu betrachten!

Tour: Rundgang durch Allersberg auf den Spuren der Firma Gilardi und zum Gilardischlösschen.

Länge: Ca. 6 km Rundwanderung.

Dauer: 90 Min. Rundgang.

Familie: Die Wanderung führt durch ebenes Gelände und ist für Familien sowie für Radtouren gut geeignet.

Saison: Ganzjährig, die Feldwege werden im Winter allerdings nicht geräumt.

Varianten: Für eine Kurzvisite empfiehlt es sich, auf das Gilardischlösschen zu verzichten. Der Weg verkürzt sich dann auf 1,5 km. Direkt am Gilardischlösschen liegt der Rothsee. Eine Radtour rund um den See erweitert die Strecke auf 20 km.

Anfahrt: *Kfz*: Über die A 9, Ausfahrt Allersberg und dann in Richtung Ortsmitte. In die Hilpoltsteiner Str. einbiegen, dann rechts in die Lerchenfeldstr. abbiegen, die direkt zum alten Bahnhof führt. *ÖPNV*: Mit der Regionalbahn zum Bahnhof Allersberg/Rothsee und dann in Richtung Ortsmitte.

Service: Das Gilardihaus ist aktuell nicht barrierefrei. In der direkten Umgebung befinden sich mehrere Cafés und Gaststätten.

Die Geschichte der Firma Jacob Gilardi

Die leonische Industrie hat im Großraum Nürnberg eine lange Tradition, besonders die Region um Roth wurde im 19. Jahrhundert zu einem wahren Zentrum der Drahtzieherei. In Allersberg war es die Firma Gilardi, die sich ab dem späten 17. Jahrhundert zum bedeutendsten Unternehmen des Marktes entwickelte, ehe sie im 20. Jahrhundert langsam dem Niedergang entgegensteuerte.

Die Geschichte begann 1689, als der damalige Allersberger Bürgermeister Johann Georg Heckel der Ältere eine Drahtzieherei direkt am Marktplatz errichtete. Immer wieder hatte er neidisch die riesigen Drahtlieferungen beobachtet, die von Freystadt nach Nürnberg transportiert wurden und dabei stets an Allersberg vorbeikamen. Nun sollte auch seine Gemeinde davon profitieren. Was ihm fehlte, war das technische Know-how, um die Manufaktur erfolgreich leiten zu können. Doch die zunehmende Nachfrage nach Drahtprodukten bewirkte, dass die meisten Städte der Region einen strengen Zunftzwang einführten, um das Wissen über die Drahtzieherei zu schützen.

Was nun folgte, war eine wunderbare Mischung aus Industriespionage und Liebesgeschichte. Der Zufall wollte es, dass 1690 Sybilla Maurer vor den strengen Regularien aus dem benachbarten Freystadt floh und in Allersberg um Schutz bat. Natürlich war der Allersberger Bürgermeister nur allzu gerne bereit, dem Wunsch der fachkundigen Drahtzieherin nachzukommen. Also wurde Sybilla Maurer willkommen geheißen und in der Drahtzieherei angestellt, wo sie mit ihrem Fachwissen half, ein florierendes Unternehmen aufzubauen.

Auch ihr privates Glück fand sie in Allersberg. In der Manufaktur traf sie auf den jungen Geschäftsführer Johann Georg Heckel, den gleichnamigen Sohn des Bürgermeisters. 1692, nur zwei Jahre nach ihrer Ankunft, heirateten die beiden und führten fortan die Drahtzieherei gemeinsam. Doch Johann Georg Heckel verstarb bereits 1707 mit gerade einmal 36 Jahren. Noch auf dem Totenbett nahm er seiner Frau das Versprechen ab, wieder zu heiraten. Einen geeigneten Kandidaten hatte er ebenfalls schon ausgewählt. Seinen Freund Jacob Gilardi, einen erfolgreichen Mailänder Kaufmann, der zuletzt in Nürnberg tätig gewesen war. Sybilla folgte dem Wunsch ihres Mannes und heiratete 1708 erneut.

Jacob Gilardi übernahm daraufhin den geschäftlichen Bereich der Drahtzieherei und machte aus dem Handwerksbetrieb ein

Zeugnis des industriellen Machtanspruchs: Bauten wie das Gilardihaus waren eine Manifestation dafür, dass sich die Fabrikbesitzer dem Adel als ebenbürtig betrachteten.

Unternehmen mit internationalen Verbindungen. Mit seinem Namen ist die erfolgreichste Zeit der Firma verknüpft, die auch in späteren Generationen noch seinen Namen tragen sollte. Er organisierte die Buchhaltung, führte ein effizienteres Fertigungsverfahren ein und vermarktete die Produkte weltweit. Plötzlich belieferte die Drahtzieherei Kunden in Italien, Frankreich und sogar in der heutigen Türkei. Sogar die russische Armee belieferte Jacob Gilardi mit Silberborten für die Uniformröcke. Die Firma wuchs und mit ihr auch Allersberg. Durch den ständig steigenden Bedarf an

Mitarbeitern zogen immer mehr Menschen in den Ort und sorgten für einen wahren Bevölkerungsboom.

Die guten Geschäfte erlaubten es, 1723 mit dem Neubau eines Wohn- und Fabrikgebäudes zu beginnen. 1728 konnte das heutige Gilardihaus von der Familie und der Firma bezogen werden. Über zehn Jahre genoss Jacob Gilardi das neue Anwesen, ehe er 1739 verstarb.

Mit ihm endete auch die große Zeit der Firma. Zwar hinterließ er ein florierendes Unternehmen, doch seine Erben zeigten deutlich weniger Geschäftssinn und gerieten immer wieder in wirtschaftliche Schwierigkeiten. Bereits 1812 musste der Appelhof, das familieneigene Lustschlösschen, aus finanziellen Gründen verkauft werden. 1843 meldete der Nachkomme Joseph Jakob von Gilardi schließlich erstmals Insolvenz an, konnte das Unternehmen aber noch einmal retten.

Als 1876 der letzte männliche Gilardi verstarb, übernahm Schwiegersohn Carl Siegert die Drahtzieherei. Doch auch er musste 1892 Insolvenz anmelden und das Unternehmen zwangsversteigern lassen. Die Firma Jacob Gilardi wurde schließlich vom Nürnberger Kaufmann Otto Geiershoefer übernommen. Er begann damit, in Allersberg Christbaumschmuck aus Draht herzustellen und führte die Firma so über Jahrzehnte wieder in die Erfolgsspur zurück.

Aber die Geiershoefers waren jüdischer Abstammung, und als die Nationalsozialisten die Macht ergriffen, erweckte auch die gut laufende Allersberger Drahtzieherei die Aufmerksamkeit der zuständigen Gauleitung. Die Familie musste 1938 nach England fliehen und das Unternehmen wurde enteignet. Unter der Führung des neuen Besitzers Hermann Gutmann wurde das Anwesen umgebaut und erweitert. Als der Krieg 1945 Allersberg erreichte, brannte während der Gefechte mit der U.S. Army der gesamte Ostflügel des Gilardihauses nieder.

Nach dem Krieg kehrte die Familie Geiershoefer zurück und begann mit dem Wiederaufbau des Unternehmens. Tatsächlich gelang es zunächst, den Christbaumschmuck wieder zu etablieren und die Drahtzieherei wurde schnell zu einem gefragten Zulieferer. Zu den Produkten gehörten bald Girlanden und Dekoartikel aus PVC – sowie tonnenweise Lametta.

Doch die Familie zog es 1996 wieder nach England. 2006 wurde die Firma schließlich aufgegeben und das Gebäude an den Markt Allersberg verkauft.

Auf den Spuren der Gilardis

Die Firma Jacob Gilardi hat den Markt Allersberg über Jahrhunderte geprägt und bis heute ihre Spuren hinterlassen. Der Rundgang beginnt am **alten Bahnhof**, gleich westlich des Marktplatzes am heutigen Busbahnhof. Bis 1970 verlief hier die Strecke der Lokalbahn zwischen Allersberg und Burgthann, die auch mit der Hauptstrecke Nürnberg–Regensburg verbunden war. Die Familie Gilardi hatte sich besonders für den Bau des Bahnhofs engagiert, denn die Bahnverbindung war für die Firma eine wichtige Lebensader, über die Eisen aus der Oberpfalz angeliefert und die fertige Ware zu den Händlern versandt werden konnte. Nach der Stilllegung der Bahnstrecke wurde in dem Gebäude die Bücherei untergebracht.

Vom Bahnhof aus führt die Lerchenfeldstraße links zur Bahnhofstraße. An deren Ende befindet sich unter der Adresse »**Vorstadt 2**« das ehemalige Wohnhaus eines führenden Mitarbeiters der Firma Gilardi aus dem Jahr 1741. Es ist nur ein Beispiel für viele der Wohngebäude, die im Zuge der deutlichen Expansion der Firma unter Jacob Gilardi im 18. Jahrhundert in Allersberg entstanden.

Der idyllische Wanderweg zum Jagdschlösschen Appelhof

Meist für Besucher geschlossen, aber dennoch eine Wanderung wert:
das Jagdschlösschen Appelhof

Die Straße »Vorstadt« führt weiter in Richtung Ortsmitte und stößt auf die **Sybilla-Maurer-Allee**, die an die Mitbegründerin der leonischen Industrie in Allersberg erinnert.

Linker Hand erreicht man über einen Fußweg den **Marktplatz**, an dem sich auch das **Heckelhaus** befindet. Hier war ursprünglich die Drahtzieherei untergebracht. Ein besonderes Merkmal ist die Madonnenstatue, die gut sichtbar auf einem Türmchen neben dem Haus thront. Sie ist eng mit der Firmengeschichte verbunden, denn Jacob Gilardi hatte bei seinem Eintritt in die Drahtzieherei eine Madonna als Erkennungszeichen eingeführt. Diese hatte er aber von einem Nürnberger übernommen, der damit gar nicht einverstanden war und das Allersberger Unternehmen kurzerhand verklagte. Jacob Gilardi ließ daraufhin die Madonnenstatue errichten und legitimierte damit sein Markenzeichen.

Schräg gegenüber befindet sich das **Gilardihaus**. Das prachtvolle Anwesen wurde von Architekt Gabriel de Gabrieli errichtet. Der zweigeschossige Bau ist mit vielen architektonischen Feinheiten versehen. Am auffälligsten ist der Dreiecksgiebel mit verzierter Uhr. Etwas weiter den Marktplatz hinunter befindet sich die **katholische Pfarrkirche**, in der der Epitaph von Sybilla Maurer-Heckel-Gilardi angebracht ist. Die Inschrift bescheinigt Sybilla mehrmals, dass sie eine sehr tüchtige Frau gewesen sei. Ihre enorme Wertschätzung im Markt Allersberg zeigt sich auch an der örtlichen Grundschule, die ihren Namen trägt.

Der Weg führt weiter den Marktplatz entlang auf die Hilpoltsteiner Straße, die links in Richtung Süden verläuft. Am Sportplatz beginnt der Allersberger **»Drahtzieherweg«**, der nach einigen Kilometern zum **Gilardischlösschen** führt. Vorbei an der hiesigen Gärtnerei verläuft der Weg an Feldern entlang und zweigt schließlich rechts unter die Autobahn ab. Nun erreicht man die künstlich angelegte Allee zum Lustschlösschen der Gilardis, dem **Jagdschloss Appelhof**.

Jakob Gilardi, der Sohn von Jacob Gilardi, erwarb das Anwesen Anfang des 18. Jahrhunderts und ließ sich dort 1720 ganz im Stile eines Grafen ein kleines Lustschlösschen errichten. Bereits 1760 wurde die zweite Frau und Witwe von Jacob Gilardi, Maria-Katharina von Gilardi, in den Adelsstand erhoben und baute das Schlösschen zu seiner heutigen Größe aus. Die Architektur stammt von Gabriel de Gabrieli, der auch das Gilardihaus errichtet hatte. Die Nutzung für diverse Feste brachte dem Anwesen im Volksmund die abfällige Bezeichnung »Fressgütlein« ein. Allerdings blieb es nicht lange in Familienbesitz. Als die Gilardis im 19. Jahrhundert in Finanznot gerieten, verkauften sie 1812 den Appelhof. Wer der neue Besitzer wurde, ist allerdings nicht bekannt. Sicher ist, dass das Anwesen ab 1889 in den Besitz der Grafen Faber-Castell überging, die es bis in die 1980er-Jahre nutzten und noch immer die Eigentümer sind. Nachdem es über mehrere Jahre hinweg leer stand, soll nun ein Nutzungskonzept über die künftige Verwendung erstellt werden.

Vom Jagdschlösschen aus bietet sich die Möglichkeit, die Wanderung zum Rothsee auszudehnen, der auf der gegenüberliegenden Straßenseite liegt. Da der See als Wasserspeicher für den Rhein-Main-Donau-Kanal angelegt wurde, bietet sich hier die Gelegenheit, das Thema »Neuer Kanal« genauer unter die Lupe zu nehmen oder dort eine Badepause einzulegen. Der Rückweg nach Allersberg erfolgt auf derselben Route wie der Hinweg.

Am Rande des Weges – der Europakanal

Allersberg liegt in direkter Nähe des Rothsees, einem Zwischenspeicher des benachbarten Main-Donau-Kanals. Die auch »Europakanal« genannte Wasserstraße wurde zwischen 1960 und 1992 erbaut und dient als moderner Nachfolger des Ludwigkanals. Mit 16 Schleusen verfügt der Kanal allerdings über deutlich weniger dieser Anlagen als sein Vorgänger, und das bei nahezu identischer Länge. Unweit des Rothsees befindet sich die »Schleuse Eckersmühlen«. Sie wurde 1984 fertiggestellt und überwindet einen Höhenunterschied von über 24 Metern. Die gewaltigen Anlagen sind, besonders während des Betriebes, beliebte Ziele für Wanderungen und Radtouren. Von der »Schleuse Eckersmühlen« aus kann man auch die Lände Roth erkennen – einen kleinen Kanalhafen mit angeschlossenem Industriegebiet. Obwohl der Main-Donau-Kanal wirtschaftlich allenfalls beim Transport von Schüttgut erfolgreich ist, haben sich an den Häfen mittlerweile große Industriezonen entwickelt.

Ein Besuch der »Schleuse Eckersmühlen« bietet durch den nahe gelegenen Rothsee und die Lände Roth die Verbindung von gleich drei interessanten Elementen, die mit dem modernen Kanalbau in Verbindung stehen.

Der Europakanal auf der Höhe der »Schleuse Eckersmühlen«

4

Die Mühlen an der Roth
Industrielle Revolution im Kleinen

Der kleine Ort Eckersmühlen verfügt bereits seit dem Mittelalter über eine beträchtliche Anzahl von Mühlen. Durch die Umwandlung in verschiedene metallverarbeitende Betriebe ab dem 15. Jahrhundert entstand schließlich ein vorindustrielles Gewerbegebiet. Im Zuge der industriellen Revolution wurde Eckersmühlen dann zu einem eigenen kleinen Industriestandort mit Bahnanbindung und Stromversorgung. Das Museum »Historischer Eisenhammer« erinnert bis heute an diese erstaunliche Entwicklung.

Tour: Wanderung vom Eisenhammer Eckersmühlen zum Kupferhammer, zum Deutschherren-Messinghammer, zur Leonhardsmühle und zur Brückleinsmühle.

Länge: 4 km Wanderung vom Eisenhammer zur Leonhardsmühle und zurück.

Dauer: 75 Min.

Familie: Die Rundwanderung verläuft auf guten Waldwegen und auf Straßen. Die leichten Steigungen sind für Familien und für Radtouren gut geeignet. Die laufenden Maschinen und die Schmiedevorführung sind für Kinder ein besonderes Erlebnis.

Saison: Ganzjährig, die Waldwege werden im Winter allerdings nicht geräumt.

Varianten: Die Route führt über den Rother Mühlenweg und lässt sich in Richtung Hilpoltstein auch zu einer Tagestour ausweiten.

Anfahrt: *Kfz:* Der Eisenhammer Eckersmühlen liegt an der B 2, Ausfahrt Roth-Hilpoltstein. Von dort aus der Beschilderung Richtung Hilpoltstein folgen. *ÖPNV:* Mit der S-Bahn Nürnberg–Roth und dann ab dem Bahnhof Roth weiter mit der R61 (Gredl-Bahn) nach Hilpoltstein, Ausstieg am Bahnhof Eckersmühlen.

Service: Das Museum ist nicht barrierefrei.

Eckersmühlen – Industriegeschichte im Kleinen

Die ersten Mühlen entstanden in Eckersmühlen bereits im 14. Jahrhundert. Ihre Gründung war eng mit dem steigenden Wohlstand der freien Reichsstadt Nürnberg verbunden. Viele wohlhabende Patrizierfamilien erwarben Besitzungen im direkten Umland und errichteten dort Mühlen, um ihren Rohstoffbedarf zu decken. So entstanden unzählige Papiermühlen, Eisenhämmer und Sägewerke. Auch das Patriziergeschlecht Holzschuher gründete eigene Mühlen und errichtete 1360 beim heutigen Kupferhammer den ersten Eisenhammer in Eckersmühlen.

Doch obwohl die Nürnberger Patrizierfamilien bereits damals großen Einfluss hatten, waren die Besitzverhältnisse an der Roth überaus vielfältig. So gehörte die Leonhardsmühle um 1363 einem ortsansässigen Müller und die benachbarte Brückleinsmühle zum Hochstift Bamberg, während der heutige Eisenhammer ebenso im Besitz des »Deutschen Ordens« war wie der spätere Messinghammer an der Hauptstraße.

Nachdem die meisten Wasserräder über Jahrhunderte reine Mahlmühlen angetrieben hatten, bewirkte die zunehmende Nachfrage nach anderen Rohstoffen im 17. Jahrhundert immer häufiger eine Neuausrichtung der Mühlenanlagen. Bereits im 15. Jahrhundert hatte der »Deutsche Orden« die Mühle an der Hauptstraße in einen Messinghammer umgewandelt. Daraufhin wurde der bisherige »Obere Eisenhammer« zunächst in einen Blech- und später in einen Kupferhammer umgewandelt, während 1686 in der ehemaligen Ölmühle der heutige Eisenhammer entstand. So entwickelte sich in dem kleinen Ort Eckersmühlen ein ansehnliches Metallgewerbe.

Im 19. Jahrhundert bescherte die industrielle Revolution den drei Hämmern einen zusätzlichen Aufschwung, der mit deutlichen Modernisierungsmaßnahmen einherging. Eckersmühlen war zu einem kleinen Industriestandort geworden, der ab 1887 sogar mit der Lokalbahn »Gredl« an die Zugverbindung von Roth nach Allersberg angeschlossen wurde. Schließlich wurden auch die beiden verbliebenen Mahlmühlen mit neuen Aufgaben versehen. Die Brückleinsmühle wurde 1885 in einen leonischen Betrieb umgewandelt und die Leonhardsmühle wurde 1908 zum ersten Elektrizitätswerk, das den Ort Eckersmühlen mit Strom versorgte.

Durch die beiden Weltkriege veränderte sich auch die wirtschaftliche Lage der Mühlen an der Roth. Arbeitskräfte mussten

Die alte Fabrikhalle des Hammerwerks zeigt die harte Arbeitswelt des 19. Jahrhunderts.

ersetzt werden, Wirtschaftskrisen hemmten den Absatz und nach 1945 lag die gesamte Industrie zunächst völlig am Boden. Dennoch konnten alle Unternehmen in der Nachkriegszeit zunächst wieder in die Erfolgsspur zurückfinden. Doch die zunehmende industrielle Massenfertigung führte zu einem schleichenden Niedergang, und die Hämmer mussten nacheinander den Betrieb einstellen.

Das Museum – lebendige Industriegeschichte

Die Roth war über Jahrhunderte die Lebensader für viele kleine Dörfer und Städte sowie die Grundlage für unzählige Handwerksbetriebe. Der Eisenhammer in Eckersmühlen ist eine der Fabriken, die sich aus den ehemaligen Mühlanlagen entwickelt hat. Als kleines industrielles Freilichtmuseum dokumentiert es die Arbeits- und Lebenswelten des späten 19. und frühen 20. Jahrhunderts und steht beispielhaft für viele andere Mühlwerke an der Roth.

Die Geschichte des Hammerwerkes ist eng mit der Familie Schäff verbunden, die von 1775 bis zur endgültigen Stilllegung der Fabrik 1974 die Geschicke der Firma leitete. Johann Michael Schäff I. hatte im 18. Jahrhundert in die Besitzerfamilie eingeheiratet und den Grundstein für die Erfolgsgeschichte des Eisenhammers gelegt.

Blick in die Küche des sogenannten »Herrenhauses«

Der Rundgang beginnt im ehemaligen Herrenhaus, in dem die Wohn- und Büroräume der Familie Schäff untergebracht waren. Das Gebäude befindet sich in dem Zustand, in dem es bei der Geschäftsaufgabe 1974 verlassen wurde. Im Büro des einstigen Hammerherren scheint die Zeit ebenso stillzustehen wie im – für damalige Verhältnisse – luxuriösen Wohnbereich. Unweigerlich erwartet man, dass jeden Augenblick der Inhaber persönlich den Raum betritt.

Schmiedemuseum Historischer Eisenhammer Eckersmühlen
Eisenhammer 1, 91154 Roth-Eckersmühlen
Tel. 0 91 71/81 20 20 oder 0 91 71/81 13 29
www.eisenhammer-eckersmuehlen.de
März Sa, So u. Fei 13.00–17.00
Apr–Okt Mi–So u. Fei 13.00–17.00
Für Gruppen nach Vereinbarung
Familie 5 €, Erwachsene 3 €, Kinder 1 €,
Gruppen ab 10 Personen: Erwachsene 2 €, Kinder 1 €,
Schmiedevorführungen nach Vereinbarung 10 € pro Gruppe

Vorbei am Gemüsegarten geht es zunächst zum Stauwehr. Ein Wasserrad sucht man hier vergebens, denn dieses wurde bereits 1909 durch eine Turbine ersetzt. An dieser Stelle betritt man auch das ehemalige Fabrikgebäude. Es verfügt über mehrere Luft-, Fall- und Federhämmer, die bis heute über eine Transmissionsstange voll einsatzfähig sind und auf Nachfrage in Betrieb genommen werden. Für Gruppen schüren die Museumsschmiede gerne die Esse an und lassen beim Schmieden auf den Lufthämmern die Funken sprühen. So wird das Leben und Arbeiten der früheren Hammerschmiede für große und kleine Besucher des Museums hautnah erlebbar.

Hinter dem Fabrikgebäude befindet sich das ehemalige Sägewerk, das ebenfalls zur Anlage gehört. Hier wurde die Dauerausstellung »Vom Erz zum Eisen« installiert, die über den Erzabbau und die Verarbeitung des Roheisens informiert. Für Sonderausstellungen steht seit Kurzem das ehemalige Stallgebäude zur Verfügung.

Neben dem historischen Gemüsegarten und dem Stauwehr hat der Freibereich noch weitere Sehenswürdigkeiten zu bieten. Die wichtigste ist natürlich die kleine historische Diesellokomotive: Diese Leihgabe des DB-Museums soll an die Eisenbahnanbindung des Eisenhammers erinnern. Aber auch der alte Mühlstein, der an der Seitenwand der Fabrik lehnt, sollte beachtet werden. Er ist der letzte Hinweis auf die ursprüngliche Nutzung als Ölmühle, ehe der Eisenhammer eingerichtet wurde.

Auf den Spuren der Rother Mühlen

Vom **Eisenhammer** aus kann man einen kleinen Rundgang zu den benachbarten Mühlen unternehmen. Auf der anderen Seite des Stauwehrs verläuft der **Mühlenweg**, der nach einigen Hundert Metern zum ehemaligen **Kupferhammer** führt.

Der Kupferhammer war das erste Hammerwerk in Eckersmühlen und wurde 1360 errichtet. Im späten 16. Jahrhundert entstand zunächst ein Blechhammer, ehe die Familie Gegg über mehrere Generationen hin das Anwesen pachtete und im 17. Jahrhundert einen Kupferhammer einrichtete. Der dort gefertigte Grobdraht wurde unter anderem auch an die Firma Gilardi nach Allersberg (s. S. 27ff.) und zu den leonischen Werken nach Roth (s. S. 43ff.) geliefert. Im 19. Jahrhundert übernahm die Familie Grimm das Hammerwerk und begann Kupferkessel für Brauereien herzustellen, ehe 1939 der Betrieb eingestellt wurde.

Hinter dem Kupferhammer führt die Jahnstraße Richtung Südwesten zum Ortskern und zum ehemaligen **Deutschherren-Messinghammer** an der Hauptstraße. Die einstige Wassermühle stammt wohl noch aus dem 13. Jahrhundert und dürfte das erste Mahlwerk in Eckersmühlen gewesen sein. Während der industriellen Revolution wurde auch der Messinghammer von der Familie Grimm übernommen und in eine Bronzefarbenfabrik umgewandelt, ehe er Mitte des 20. Jahrhunderts geschlossen wurde.

Entlang der Hauptstraße führt der weitere Weg in Richtung Hilpoltstein bis zur **Leonhardsmühle**. Das eindrucksvolle Ensemble war über Jahrhunderte hinweg eine typische Mahlmühle, ehe ab 1908 ein Elektrizitätswerk eingerichtet wurde. Auch heute wird von den Besitzern wieder Strom erzeugt. Zudem ist ein Antiquariat in die Leonhardsmühle eingezogen.

Die **Brückleinsmühle** liegt auf der gegenüberliegenden Straßenseite an der Grimmstraße. Lange Zeit befand sich das Anwesen im Besitz des Hochstiftes Eichstätt und wurde immer wieder

Am Stauwehr des Eisenhammers beginnt der Mühlenrundweg durch Eckersmühlen.

verpachtet. Auch diese Mühle wurde 1885 von Karl Grimm übernommen, der gemeinsam mit dem Schwabacher Spinnereibesit-
zer Johann Wolkersdorfer dort eine Drahtzieherei einrichtete. Bis
heute hat die Firma Grimm ihren Sitz in Eckersmühlen.

Von der Brückleinsmühle aus kann die Gelegenheit wahrgenommen werden, dem Rother Mühlenweg bis nach Hilpoltstein
zu folgen und weitere Mühlen an der Roth (s. S. 42) zu besuchen.
Die Route ist flexibel und bietet die Möglichkeit, jederzeit umzukehren. Wer an dieser Stelle aber schon den Rückweg zum Eisenhammer antreten will, geht die Grimmstraße entlang wieder zum
Messinghammer und über den Kupferhammer zurück zum Ausgangspunkt.

Am Rande des Weges – die Hilpoltsteiner Mühlen

Auch südlich von Eckersmühlen ist die Roth reich an historischen Mühlenanlagen, die auf der Strecke bis nach Hilpoltstein den südlichen Mühlenweg bilden. Die meisten Anlagen entstanden bereits zwischen dem 14. und dem 16. Jahrhundert und wurden noch bis weit ins 20. Jahrhundert hinein genutzt. Im Zuge des allgemeinen Mühlensterbens wurden auch die meisten Wasserräder an der Roth stillgelegt. Einzig die Schweizermühle bei Hofstetten ist noch heute in Betrieb.

Während rund um Eckersmühlen vor allem eisenverarbeitende Betriebe entstanden, waren die Anlagen weiter südlich wesentlich landwirtschaftlicher geprägt und arbeiteten meist als kombinierte Säge- und Mahlmühlen.

Besonders sehenswert ist der Hilpoltsteiner Ortsteil Hofstetten, in dessen direkter Umgebung sich alleine sieben ehemalige Mühlen am Flusslauf aufreihen. Der Zustand der Gebäude ist jedoch höchst unterschiedlich. Während die meisten Anlagen bis heute deutlich als Mühlen zu erkennen sind, gibt es auch einige Gebäude, die sehr schwer zu finden sind und nicht unbedingt eine Besichtigung lohnen.

Stauwehr an der Hofstetter Mühle

Hochburg der leonischen Industrie

Die Stadt Roth galt während der industriellen Revolution als
industriereichste Kleinstadt Bayerns. Dank der große Drahtzie-
hertradition, die sich bis heute in Form des hier beheimateten
Branchenriesen »LEONI« erhalten hat, entwickelte sich Roth zu
einem der wichtigsten Industriestandorte im direkten Nürnberger
Umland. Wie stark die Drahtzieherei in der Stadt verwurzelt ist,
lässt sich im Rahmen eines Rundganges eindrucksvoll nachvollziehen.

Tour: Entdeckungsreise auf den Spuren der leonischen Industrie
von der Kulturfabrik über das Schloss Ratibor, das Fabrikmu-
seum und den Stieberpark zum historischen Bahnhofsgebäu-
de.
Länge: 4 km Stadtrundgang.
Dauer: 75 Min.
Familie: Der Rundgang verläuft quer durch die Stadt. Auf den
Verkehr muss Rücksicht genommen werden. Gaststätten und
Einkehrmöglichkeiten befinden sich vor allem in der Altstadt.
Saison: Ganzjährig.
Variante: Der Stadtrundgang kann in südlicher Richtung mit ei-
nem Ausflug entlang der Rednitz bis zur »Schlenk AG« erwei-
tert werden (12 km).
Anfahrt: *Kfz:* Über die B 2 nach Roth, das Schloss Ratibor ist
ausgeschildert. *ÖPNV:* Verschiedene Regionalbahnen und die
S-Bahn-Linie 2 halten am Rother Bahnhof.
Service: Das Schloss Ratibor ist nicht barrierefrei. Das Fabrikmu-
seum ist ebenerdig.

Roth – Draht für die Welt

Dank ihrer günstigen Lage an den beiden Flüssen Rednitz und Roth
war die Stadt bereits im Mittelalter ein beliebter Ort für Mühlen
und Manufakturen. Wie überall im direkten Einflussgebiet der Stadt

Nürnberg suchten die reichen Patrizierfamilien ab dem 15. Jahrhundert auch in Roth nach Investitionsmöglichkeiten und trugen damit zum wirtschaftlichen Wachstum der kleinen Stadt bei.

Auch der Grundstein für die leonische Industrie wurde in Nürnberg gelegt. Als der Hugenotte George Fournier das Drahtzieherhandwerk 1573 nach Roth brachte, konnte er auf das Wissen seines Vaters aufbauen, der bereits 1569 in Nürnberg mit der Drahtzieherei begonnen, aber sich im Übrigen derart hoch verschuldet hatte, dass Vater und Sohn zur Flucht gezwungen waren. Dank der Eisenvorkommen im benachbarten Georgensgmünd und den guten Beziehungen zu den Erzminen in der Oberpfalz waren die Voraussetzungen für die Drahtzieherei in Roth ideal, zumal mit Nürnberg eines der größten Handelszentren Europas in direkter Nähe lag.

Bis zum 18. Jahrhundert hatten sich dementsprechend bereits mehrere Drahtziehereien und Nadelfabriken in Roth angesiedelt. Im Jahr 1730 wurde schließlich die erste leonische Fabrik gegründet, die jedoch zunächst durch Misswirtschaft und einen abgetauchten Geschäftsführer auf sich aufmerksam machte. Erst mit der Ernennung von Caspar Stieber zum Verwalter der Firma wurde die erfolgreiche Zeit der Rother Drahtfabriken eingeläutet. Mit der Übernahme durch den jüngeren Bruder erhielt die Drahtfabrik auch den Namen »Johann Balthasar Stieber«. Dessen ältester Sohn

Wenn es um Drahtherstellung geht, laufen in Roth die Fäden zusammen.

wiederum führte das Unternehmen schließlich in dritter Generation weiter. Und auch der jüngere Sohn blieb dem Handwerk treu
und gründete eine eigene, zweite Drahtfabrik.

Zu Beginn des 19. Jahrhunderts hatte sich die Drahtzieherei in
Roth fest etabliert und einen Großteil der Bevölkerung in Lohn
und Brot gebracht. Doch nicht jeder Drahtzieher arbeitete in den
beiden Fabriken. Viele Aufgaben wurden in Heimarbeit erledigt,
zudem gründeten sich mehrere kleine Firmen, die den fertigen
Draht weiterverarbeiteten.

Als mit dem Ausbruch des Ersten Weltkrieges die Nachfrage nach
leonischen Waren deutlich zurückging, schlug die Geburtsstunde
von »LEONI«: 1917 fusionierte die Rother Drahtfabrik »Johann
Philipp Stieber« mit der von »Johann Balthasar Stieber & Sohn« in
Nürnberg-Mühlhof und den »Vereinigten leonischen Fabriken« in
Schweinau und gründeten die »Leonische Drahtwerke AG« als gemeinsames Unternehmen. Während sich die Rother Unternehmen
»LEONI« und »Riffelmacher & Engelhardt« (später »Bayka«) in der
Folgezeit zunehmend auf den technischen Bereich konzentrierten,
fertigte die regionale Konkurrenz vor allem Christbaumschmuck
und Lametta. Heute ist die »LEONI« zu einem weltweit tätigen
Unternehmen gewachsen, während die meisten anderen Drahtzie-
hereien in der Region mittlerweile verschwunden sind.

Stieber'sche Tradition zwischen Schloss und Mühle

Neben dem Eisenhammer Eckersmühlen (s. S. 38f.) verfügt die
Stadt Roth über zwei weitere Museen: das Schloss Ratibor in der
Altstadt und das Fabrikmuseum an der »Oberen Mühle«. Beide be-
fassen sich, jedes auf seine Weise, mit der Geschichte der »Leonischen Drahtwerke AG« und der Familie Stieber. Tatsächlich wurden
beide Museumsgebäude früher auch als Drahtfabriken genutzt.

Das Schloss Ratibor beheimatet das Stadtmuseum, das sich mit
dem Leben seiner Bürger und der Geschichte Roths befasst. Neben
der Spielzeugsammlung und der Keramikausstellung ist vor allem
die »Gute Stube«, ein Wohnraum aus dem frühen 20. Jahrhundert, erwähnenswert. Im Rahmen der Beschäftigung mit Industriegeschichte sind allerdings vor allem die Räumlichkeiten selbst
von großem Interesse, zeigen sie doch, wie Wilhelm Stieber, der
Gründer der Drahtwerke, hier gelebt hat. Die Räume belegen, wie
sehr die Industriebarone des 19. Jahrhunderts versuchten, dem

Lebensstil der adeligen Gesellschaft nachzueifern, um sich auf ein gleiches gesellschaftliches »Niveau« erheben zu können.

Das thematische Gegenstück zum Prunk der Familie Stieber bildet das Fabrikmuseum. Hier stehen die leonische Industrie und die Feinbearbeitung des Drahtes im Mittelpunkt. Die funktionstüchtigen Maschinen zeigen den Weg des Zains, also des Rohdrahtes, vom Feinzug über die Plätterei und die Weiterverarbeitung auf Webstühlen bis hin zur Verpackung und Auslieferung. Auch das Arbeitsumfeld eines Fabrikarbeiters kann im Fabrikmuseum nachvollzogen werden.

Museen der Stadt Roth:

Schloss Ratibor
Hauptstr. 1, 91154 Roth
Tel. 0 91 71/84 85 32, www.schloss-ratibor.de
März–Okt Di–So 13.00–17.00
Erwachsene 3 €, ermäßigt 1 €

Fabrikmuseum der Leonischen Industrie
Obere Mühle 4, 91154 Roth
Tel. 0 91 71/6 05 64, www.fabrikmuseum-roth.de
Apr–Nov Sa u. So 13.30–16.30
Erwachsene 4 €, Schüler ab 10 Jahren 1 €

Die Museen stellen somit die beiden Seiten der leonischen Industrie in Roth dar, deren Unterschied durch die räumliche Trennung noch verstärkt wird: hier der Prunk der Industriebarone, dort die harte Arbeit in den Drahtfabriken. Es ist also durchaus empfehlenswert, beide Museen zu besuchen.

Ein industriegeschichtlicher Rundgang durch Roth

Der ideale Ausgangspunkt für einen Stadtrundgang durch Roth ist das Eingangstor des **Hauptwerkes von »LEONI«** an der **Stieberstraße**. Der heutige Standort hat sich seit seiner Gründung zu einem modernen Unternehmen entwickelt. Bei genauerem Hinsehen erkennt man jedoch auch hier die historischen Wurzeln, denn rechts neben der Firma verläuft der Fluss Roth. Dort befindet sich noch das historische

Blick auf das Schloss Ratibor, den Wohn- und Arbeitsbereich
des Drahtfabrikanten Johann Philipp Stieber im 18. und 19. Jahrhundert

Stauwehr der ehemaligen Mühle. Etwas weiter die Straße entlang liegt
die »**Kulturfabrik Roth**«, ein Veranstaltungsforum, das 1992 in die
ehemalige Galvanik der »Leonischen Drahtwerke AG« einzog.

Direkt gegenüber erhebt sich das **Schloss Ratibor**. Obwohl es
bereits im 16. Jahrhundert von Georg dem Frommen errichtet wurde, ist seine Geschichte eng mit den »Leonischen Drahtwerken«
verbunden. 1791 erwarb Johann Philipp Stieber das Anwesen und
richtete dort eine Fabrik für leonische Waren sowie eine repräsen-
tative Wohnung ein. Bis heute sind diese Räumlichkeiten dem Museum erhalten geblieben.

Wieder an der Hauptstraße zweigt etwas weiter nördlich das
»**Neue Gässchen**« in die Altstadt ab. Das hohe, weiße Gebäude
auf der rechten Seite ist das ehemalige Plätthaus der leonischen
Drahtfabrik, das später in einen Betsaal umgewandelt wurde und
heute ein Jugendhaus beherbergt.

Von hier aus geht der Weg zunächst nach rechts und dann
links in die Zeughausgasse. Diese mündet schließlich rechts in die
Traubengasse und weiter in die Gartenstraße, die um die Altstadt
führt. Von ihr zweigt nach wenigen Metern links die Straße »Obere Mühle« ab, an der sich auch das **Fabrikmuseum** befindet. Das
ehemalige Fabrikgebäude dokumentiert die historische Drahtfer-
tigung und -veredelung.

Mausoleum des Fabrikanten Baron Stieber

Der Rundgang führt nun nach Süden und entlang der Mühlgasse bis zur Hilpoltsteiner Straße. Dort zweigt die Ratiborer Straße rechts ab und wird nach der Kreuzung zur **Otto-Schrimpff-Straße**. Das Haus mit der Nummer 16 ist ebenfalls eine um 1910 errichtete **Fabrik** »zur Herstellung leonischer Waren«. Auch heute noch beherbergen diese historischen Gebäude die »Bayerische Kabelwerke AG« (»Bayka«). Geht man nun wieder einige Meter zurück, kreuzt dort die Bahntrasse die Straße. Parallel zur Bahntrasse geht ein Weg, der auf der linken Seite das mittlerweile riesige **Werksgelände der »Bayerischen Kabelwerke«** überquert. Diese sind neben »LEONI« mit ihrer Tochter »Bayka Color« das zweite große metallverarbeitende Unternehmen in Roth.

Die Bahntrasse endet an der Münchner Straße. Folgt man dieser wieder rechts stadteinwärts, zweigt nach etwa 100 Metern auf der linken Seite die Bleichstraße ab, die direkt zum **Stieberpark** führt. Dieser liegt nicht nur direkt am »LEONI«-Werksgelände, sondern beherbergt auch das Mausoleum des Fabrikanten Baron Stieber.

Der Weg durch den Park führt schließlich über eine moderne Brücke zum **Rother Bahnhof**. Das Stationsgebäude aus dem Jahr 1890 steht symbolisch für die industrielle Bedeutung der Haltestelle Roth als bedeutender Warenumschlagplatz für die leonische Industrie. Die Anbindung an die Eisenbahn gab den Drahtfabriken im 19. Jahrhundert zusätzliche wirtschaftliche Impulse. Über die Bahnhofstraße führt der Rundweg schließlich wieder zurück zur Kulturfabrik und somit zum Ausgangspunkt.

Am Rande des Weges – das Sägegatter Gauchsdorf

Zwischen Roth und Schwabach liegt der kleine Ort Gauchsdorf. Am Rande des Waldes steht ein historisches Sägegatter. 1349 wurde urkundlich erstmals eine Sägemühle in Gauchsdorf erwähnt. Sie war der zentrale Anlaufpunkt für die Bauern der ganzen Region, denn hier wurde nicht nur das Korn gemahlen, sondern wurden auch die Bäume zu Brettern zurechtgesägt. Noch heute existiert in direkter Nachbarschaft das Sägewerk »Konrad Ammon«, zu dem auch das ehemalige Mühlengebäude gehört.

Die ausgestellte Säge dokumentiert den Wandel vom Handwerk zur Industrie, denn das Gatter weist bereits deutliche industrielle Eigenschaften auf. Es besitzt einen mechanischen Vorschub und verfügte damals über eine durchaus beachtliche Leistung.

Erinnerung an ein einst großes Sägewerk in Gauchsdorf

6 Schwabach
Das goldene Handwerk

Während in Roth und Allersberg die leonische Industrie dominierte, drehte sich während der industriellen Revolution in Schwabach fast alles um Gold und Nadeln. Beide Handwerke lassen sich bis in das 16. Jahrhundert zurückverfolgen und beeinflussten über eine sehr lange Zeit die Entwicklung der Stadt. An vielen Stellen in Schwabach finden sich bis heute deutliche Spuren dieser zwei Gewerbe. Doch während die Nadelfabriken mittlerweile verschwunden sind, existieren die Goldschläger noch immer.

Tour: Entdeckungsreise durch Schwabach vom Stadtmuseum über die Altstadt, die Nadelfabrik und die ehemalige Kattunfabrik bis zum Gaswerk.

Länge: 6 km Stadtrundgang.

Dauer: 90 Min. Museum + 75 Min. Rundgang.

Familie: Der Rundgang verläuft quer durch die Stadt. Auf den Verkehr muss Rücksicht genommen werden. Das »Stadtmuseum Schwabach« bietet spannende Spielstationen für Kinder.

Saison: Ganzjährig, alle Straßen und Wege sind asphaltiert.

Variante: Der Rundgang kann mit einem Besuch des Europakanals auf 16 km erweitert werden.

Anfahrt: *Kfz:* Schwabach liegt direkt an der A6, nach der Ausfahrt der Beschilderung in Richtung Zentrum und Stadtmuseum folgen. *ÖPNV:* Mit der Regionalbahn und S-Bahn-Linie 2 zum Bhf.

Service: Das Museum ist barrierefrei und verfügt über eine eigene Cafeteria sowie über einen Museumsshop.

Goldrausch in Schwabach

Das Schwabacher Goldschlägerhandwerk wurde bereits 1572 erstmals erwähnt und kann somit auf eine fast 450-jährige Tradition zurückblicken. Über Jahrhunderte dominierte das Blattgold die lokale Industrie, ehe die Umsätze der Goldschläger gegen Mitte des 20. Jahrhunderts deutlich zurückgingen. Auch wenn dieses

Handwerk heute nur noch eine untergeordnete Rolle in der modernen Gewerbelandschaft spielt, ist Schwabach immer noch weltweit als »Stadt der Goldschläger« bekannt.

Den Grundstein für die Schwabacher Goldbearbeitung legten im 16. Jahrhundert Auswanderer aus der benachbarten Reichsstadt Nürnberg. Die dort herrschenden, überaus strengen Zunftordnungen hatten die Handwerker dazu bewegt, die Stadt zu verlassen. Zu dieser Zeit war die Herstellung von Blattgold noch ein relativ junges Gewerbe in Mitteleuropa und die Goldschläger hatten in Nürnberg im Vergleich zu den etablierten Zünften nur wenig Einfluss. In Schwabach fanden sie jedoch ideale Bedingungen vor. Zum einen war das trockene Klima bestens für die Blattgoldherstellung geeignet. Zum anderen gewährte die Stadt den Handwerkern weitgehend freie Entfaltungsmöglichkeiten. Die weiterhin vorhandene Nähe zu den reichen Patriziern Nürnbergs – immerhin die wichtigsten Kunden – garantierte einen perfekten Standort für die Goldschläger. Unter diesen Voraussetzungen konnten sich die Schwabacher Goldschläger im 17. Jahrhundert immer weiter etablieren. Die stetige Zunahme der Konkurrenz durch neue Werkstätten führte auch zu einer ständigen Verbesserung der handwerklichen Fähigkeiten. Die daraus resultierende hohe Qualität des Blattgoldes sprach sich schnell weit über die Region hinaus herum und Schwabach wurde zu einem internationalen Zentrum des Goldschlägerhandwerks.

Mit der industriellen Revolution veränderte sich die Arbeitsweise in den Werkstätten. Durch die Errichtung des Schwabacher Bahnhofes 1849 und die damit vergleichsweise frühe Anbindung an das Bahnnetz expandierte das Blattgoldgewerbe stark. Innerhalb kurzer Zeit wuchs die Anzahl der Beschäftigten in diesem Industriezweig von knapp 60 Personen im Jahr 1861 auf fast 1 000 Angestellte im Jahr 1883.

Die Hochzeit der Goldschläger hatte begonnen. Zu den prominentesten Kunden der mittelfränkischen Meisterhandwerker zählte das britische Königshaus, das für die Verzierung des Buckingham Palace in London auf das Schwabacher Blattgold zurückgriff. Nahezu 100 Jahre dauerte diese Erfolgsgeschichte an und überstand mehrere Wirtschaftskrisen sowie den Ersten Weltkrieg. Doch der Großteil des Schwabacher Blattgoldes war traditionell für den Export bestimmt. Während des Zweiten Weltkrieges stürzten also zunächst das Exportverbot und schließlich die Bombenangriffe die Goldschläger in eine tiefe Krise. Als das Wirtschaftswunder in den 1960er-Jahren wieder für einen Aufschwung in Deutschland sorgte, hatten lediglich 17 Betriebe überlebt. Heute führt nur eine Handvoll Werkstätten die Tradition der Goldschläger fort.

Das Stadtmuseum – es ist nicht alles Gold, was glänzt

Bereits im Eingangsbereich begrüßt eine historische Dampfmaschine die Besucher des »Stadtmuseums Schwabach«. Natürlich behandeln die Ausstellungen auch andere Themen der Stadthistorie, doch im Neubau liegt der Schwerpunkt auf der Industriegeschichte.

Dort bildet das Goldschlägertum das Zentrum der Sammlung. Ein großer, begehbarer Goldkubus zieht in der Mitte der Halle zunächst die alleinige Aufmerksamkeit auf sich. In ihm befindet sich die historische Goldschlägerwerkstatt, in der zu festen Terminen Vorführungen zur Blattgoldherstellung stattfinden. Aber der Neubau zeigt auch das vielfältige Spektrum der Schwabacher Metallindustrie. Einen besonderen Stellenwert nimmt darunter die Produktion von Nadeln ein, die in Schwabach eine ebenso lange Tradition vorweisen kann wie das Goldschlägerhandwerk. Die Drahtzieherei hatte sich ebenfalls bis hierher ausgebreitet. Zudem prägten viele andere

Auch Hämmern will gelernt sein:
Die Hämmer der Goldschläger im Stadtmuseum werden auch heute noch regelmäßig im Rahmen der kurzweiligen und informativen Vorführungen geschwungen.

metallverarbeitende Gewerbe während der industriellen Revolution das wirtschaftliche Bild der Stadt, die auch im Neubau des Museums ausführlich präsentiert und beschrieben werden.

Stadtmuseum Schwabach
Museumsstr. 1, 91126 Schwabach
Tel. 0 91 22/83 39 33, www.schwabach.de
Mi–So u. Fei 10.00–18.00
Erwachsene 5 €, ermäßigt 2,50 €, Kinder 2,50 €

Auch wenn im Altbau viele andere Themen aus der abwechslungs-reichen Stadtgeschichte behandelt werden, spielt die Schwabacher Industriegeschichte auch dort immer wieder eine wichtige Rolle. Allerdings weniger in der berühmten Schwabacher Eiersammlung, die das gesamte erste Stockwerk belegt und nicht nur wegen des originalen Fabergé-Eies sehr sehenswert ist.

Dafür aber in der zweiten Etage, in der die Schwabacher Stadt-geschichte in chronologisch geordneten Abschnitten dargestellt wird. Hier wird noch ein völlig neues Thema der Industriege-schichte präsentiert: die Seifenherstellung. Auch wenn heute in der Stadt davon nichts mehr zu sehen ist, war die Firma Ribot im späten 19. und frühen 20. Jahrhundert ein bedeutender Arbeit-geber in Schwabach – und ist zudem der einzige Repräsentant dieses exotischen Industriezweiges auf der »Nordbayerischen Industrie-straße«.

Im weiteren Verlauf der Stadtgeschichte steht vor allem die Le-benswelt der Menschen im 20. Jahrhundert im Mittelpunkt. Un-terteilt in die wichtigsten Epochen von Nationalsozialismus bis Wirtschaftswunder lassen sich hier anhand von detailliert insze-nierten Wohnsituationen die Lebensumstände in den einzelnen Zeitabschnitten nachvollziehen.

Das Obergeschoss ist schließlich der Spielwaren- und Mo-dellbahnfirma Fleischmann gewidmet. Das Nürnberger Traditi-onsunternehmen hat im »Stadtmuseum Schwabach« ein würdiges Ausstellungsforum erhalten, das die Geschichte des Spielzeugher-stellers in allen Details illustriert.

Das Stadtmuseum dokumentiert mit seiner Ausstellung auch die vielschichtige industrielle Entwicklung der Kleinstädte im soge-nannten »Nürnberger Fettgürtel«, also dem direkten Einflussgebiet

Hingucker für Groß und Klein: die Modelleisenbahnen der Firma Fleischmann

der Metropole. Ähnlich wie in Roth und Allersberg dominieren die metallverarbeitenden Betriebe das Gesamtbild. Dabei hat sich jede Stadt in eine individuelle Richtung entwickelt und dank dieser Spezialisierung internationale Bedeutung erlangt.

Unterwegs zwischen Blattgold, Kattun und Nadeln

Ausgehend vom **Stadtmuseum** verläuft der Rundgang auf den Spuren der Schwabacher Industriegeschichte zunächst die Dr.-Haas-Straße entlang Richtung Süden bis zur Nürnberger Straße. Dort geht es 200 Meter erneut südwärts bis zur »**Nördlichen Ringstraße**«.

Das Haus Nummer 9 ist das ehemalige **Gaswerk**. Es wurde in den 1860er-Jahren errichtet und sollte nach der Anbindung Schwabachs ans Eisenbahnnetz die Infrastruktur weiter verbessern. Die Straßenbeleuchtung konnte durch das Gaswerk von Öl auf Gas umgestellt werden. Es verlor seine Bedeutung mit der Elektrifizierung Schwabachs im Jahr 1920. Heute befindet sich darin eine kleine Galerie.

Nach weiteren 200 Metern auf der Ringstraße zweigt links die Ludwigstraße ab. Hier steht das Schwabacher **Goldschlägerdenkmal**. Es soll an dieser prominenten Stelle an die große Bedeutung dieses Handwerks für Schwabach erinnern und zeigt einen Gold-schläger in typischer Pose. Von hier aus geht es rechts ab und gera-deaus bis zur Penzendorfer Straße.

Das mächtige weiß-rote Gebäude ist schon von Weitem deutlich zu erkennen: Es ist die ehemalige Schwabacher **Kattunfabrik**. 1716 von Markgraf Wilhelm Friedrich von Ansbach gegründet, endete die Erfolgsgeschichte der Kattunfabrik bereits 1826. Bis 1800 hatte das Baumwollunternehmen aber 500 Mitarbeiter und initiierte mit dem Bau der benachbarten Gebäude im Jahr 1786 eine der ersten Arbeitersiedlungen in Nordbayern. Doch während die Goldschlä-ger im 19. Jahrhundert zu ungeahnter Bedeutung heranwuchsen, hatte die Kattunfabrik den Anschluss verpasst.

Am Ende der Penzendorfer Straße führt nach rechts die Wei-ßenburger Straße zum **alten Bahnhofsgebäude** aus dem Jahr 1849. Die Anbindung an das Eisenbahnnetz ermöglichte der gesamten Schwabacher Industrie eine deutliche Steigerung der Wirtschafts-kraft und legte den Grundstein für einen weltweiten Absatzmarkt zu bis dahin unbekannten Dimensionen.

Direkt gegenüber der Bundesstraße befindet sich ein großes Areal, das heute von der »BayWa« genutzt wird. Der auffällige Backsteinbau beherbergte früher die **Nadelfabrik Wenglein**, über Jahrzehnte hinweg der bedeutendste Nadelproduzent in Schwa-bach. Besonders die Herstellung von Grammophonnadeln hatte im 19. und 20. Jahrhundert eine überregionale Bekanntheit zur Folge.

Durch den Schwabacher **Stadtpark** führt der Weg über die Hin-denburgstraße in Richtung Altstadt. Zwischen Stadtkirche und Rathaus verläuft der Rundgang über die Schwabach, Namensge-berin und Lebensader der Stadt. Bei genauerem Hinsehen entdeckt man am Südufer ein riesiges **Goldnugget**. Es ist einer der vielen (mehr oder weniger) versteckten Hinweise auf das Goldschläger-handwerk.

An der Bachgasse entlang folgt man dem Flüsschen bis zur Silbergasse, die direkt auf die Friedrichstraße trifft. Hier in der Schwabacher **Altstadt** befanden sich früher unzählige Brauereien. Lange bevor die Goldschläger in Schwabach ankamen, hatte sich bereits eine ausgeprägte Brauereikultur entwickelt, die weit in das 20. Jahrhundert hinein fortbestand. Von den vielen Privatbraue-reien existiert heute keine mehr. Am Ende der Straße erreicht man wieder den Ring und folgt diesem in Richtung Norden zurück zum Ausgangspunkt, dem Stadtmuseum.

Am Rande des Weges –
die Rednitzhembacher Papiermühle

Papier ist in unserer Zeit ein allgegenwärtiges Produkt, dem weder große Aufmerksamkeit noch besondere Bedeutung entgegengebracht wird. Doch im 15. Jahrhundert war es ein wertvolles Gut, das besonders in großen Handelsstädten sehr gefragt war. Kein Wunder also, dass ausgerechnet der Nürnberger Ulman Stromer im Jahr 1390 die Methode zur Papierherstellung perfektionierte. Er sorgte damit für eine explosionsartige Verbreitung der Papiermühlen im direkten Umland. Besonders die reichen Patrizierfamilien kauften in diesen Jahren alte Mühlen und richteten Papiermanufakturen ein, um zunächst ihren Eigenbedarf zu decken und den Rest zu verkaufen. Die Oberfichtenmühle wurde 1363 erstmals urkundlich erwähnt und zählt damit zu den ältesten Mühlenanlagen im heutigen Landkreis Ansbach. Im Zuge des Papierbooms wurde sie bereits 1433 als bedeutende Papierfabrik beschrieben. Erst die industrielle Fertigung beendete die jahrhundertelange Stellung der Anlage, die 1861 vollständig abbrannte und nach dem Wiederaufbau verkauft wurde. 1871 wurde die Mühle dann von der Glocke-Bleistiftfabrik übernommen und fungierte als deren Zweigwerk, ehe der Zweite Weltkrieg die gewerbliche Nutzung der Oberfichtenmühle endgültig beendete.

Blick auf das Ensemble Oberfichtenmühle bei Rednitzhembach

Schwermetall im Rednitztal

Im heute so friedlichen Rednitzgrund ging es in den vergangenen Jahrhunderten alles andere als ruhig zu. Drei große Mühlanlagen sorgten an den Flussufern für reichlich Unruhe und wuchsen schließlich zu eigenen Industriesiedlungen im Süden Nürnbergs heran. Noch heute weisen die weitläufigen Ensembles der Katzwanger Hammermühle, der Drahtfabrik Mühlhof und der Gerasmühle auf die ehemalige Bedeutung dieser Anlagen hin.

Tour: Rundwanderung von der Hammersiedlung Katzwang über Mühlhof bis zur Gerasmühle.

Länge: 11 km lange Wanderung entlang der Rednitz und zurück.

Dauer: 3 Std.

Familie: Die Rundwanderung verläuft durch den Wiesengrund entlang der Rednitz und an der Straße. Teilweise können große Wurzeln den Weg behindern.

Saison: Aufgrund der Hochwassergefahr sollte die Route nur von März bis Oktober begangen werden.

Variante: Eine Ausweitung der Route bis nach Stein ist möglich, der Weg verlängert sich dann auf 22 km.

Anfahrt: *Kfz:* Katzwang ist über die B 2 zwischen Nürnberg-Eibach und Schwabach zu erreichen, die Straße »Am Hammer« zweigt direkt von der Katzwanger Hauptstr. ab. *ÖPNV:* Der S-Bahnhof liegt etwa 400 m westlich von der Hammersiedlung Katzwang.

Service: Einkehrmöglichkeiten befinden sich an verschiedenen Punkten der Wanderung.

Die Rednitzmühlen – Industriestädte im Miniaturformat

Sie verfügten über eigene Fabriken, Viehzuchtanlagen, Wohnungen und sogar über Gasthöfe: Die Mühlen an der Rednitz hatten sich im Laufe der Jahrhunderte zu kleinen Siedlungen entwickelt und waren als Zulieferer der großen Fabriken für lange Zeit wahre Goldgruben, ehe die Massenproduktion der 1960er-Jahre ihren

Untergang einleitete. Noch heute zeugen die großen Anlagen von der ehemaligen Bedeutung der drei Rednitzmühlen.

Die Leonischen Drahtwerke Mühlhof

Die älteste der drei Mühlen ist die ehemalige Drahtfabrik Mühlhof. Sie wurde im 14. Jahrhundert erstmals erwähnt und diente zunächst als reine Mahlmühle. Zu Beginn des 17. Jahrhunderts wurde, wohl wegen der hohen Nachfrage nach Eisen, der erste wasserbetriebene Schmiedehammer eingebaut. Doch nach dem Dreißigjährigen Krieg wandelten die Besitzer die Anlage in eine Papiermühle um. Diese Funktion behielt die Mühle trotz verschiedener Besitzerwechsel bis 1833 bei.

Ihren heutigen Namen erhielt die Anlage durch Johann Balthasar Stieber, dessen Familie in Roth bereits erfolgreich mehrere leonische Fabriken betrieb (s. S. 44ff.). Gemeinsam mit Johann Wilhelm Spaeth, dem Besitzer der ersten Nürnberger Maschinenfabrik, gründete er 1833 die Drahtfabrik »Johann Balthasar Stieber & Sohn«. Als idealer Standort wurde die Papiermühle Mühlhof ausgewählt. In dieser richteten die beiden Industriemagnaten das damals modernste Drahtwerk der Welt ein, das 1835 den Betrieb

Eng, verbaut und schließlich zu klein: Blick von der Arbeitersiedlung auf die einst modernste Drahtfabrik der Welt in Mühlhof

aufnahm. Im 19. Jahrhundert entwickelte sich die Drahtfabrik Mühlhof zu einem wichtigen Arbeitgeber, doch im Gegensatz zu heute lag die Fabrik weit außerhalb von Nürnberg. Um den Arbeitern eine nahe Unterkunft anbieten zu können, entstand unmittelbar neben den Drahtwerken eine kleine Wohnsiedlung. In den folgenden Jahrzehnten wurde die Anlage zwar mehrmals zerstört, blieb aber lange Zeit ein wichtiger Standort der »LEONI AG«. Doch schließlich mussten die Geschäftsführer erkennen, dass die Fabrik in Mühlhof zu alt und vor allem zu klein geworden war. 1992 wurde der Traditionsstandort endgültig geschlossen. Heute nutzen verschiedene kleine Unternehmen die leer stehenden Fabrikhallen.

Die Hämmer der Gerasmühle

Fast genauso alt wie die Mühle in Mühlhof ist die Gerasmühle bei Stein. Sie wurde 1458 erstmals erwähnt und verfügte über zwei Eisenhämmer. Das Areal vergrößerte sich im folgenden Jahrhundert beträchtlich, doch ebenso wie in Mühlhof wurde auch die Gerasmühle im Zweiten Markgrafenkrieg 1552 zerstört. Da die Hämmer aber scheinbar eine lohnenswerte Investition waren, wurde die Mühle bereits 1565 wieder aufgebaut und erreichte erneut eine beachtliche Größe. Auch ein weiterer Brand im Jahr 1619 konnte das zunehmende Wachstum nicht stoppen. Mittlerweile hatte sich um das Anwesen schon eine kleine Siedlung entwickelt. Im Zuge der industriellen Revolution waren in der Gerasmühle verschiedene Unternehmen beheimatet. 1840 richtete Johann Georg Weidner dort zunächst eine Spiegelfabrik ein, die sogar mit dem »Zeugnis der erhöhten Wertigkeit« von der königlich bayerischen Generalkommission ausgezeichnet wurde. Die Hämmer der Mühle arbeiteten gegen Ende des 19. Jahrhunderts für eine Bronzefabrik. Die Siedlung war im Schatten der beiden Firmen weiter angewachsen und verfügte mittlerweile über eine eigene Gaststätte, mehrere Wohngebäude und Stallungen. Die Geschichte der Hämmer endete schließlich nach dem Zweiten Weltkrieg, als die Fabrik mit den modernen Unternehmen nicht mehr konkurrieren konnte. Doch die entstandene Siedlung erfreute sich weiterhin großer Beliebtheit. Als 1976 das Freilandmuseum in Bad Windsheim gegründet wurde, war zunächst auch die Gerasmühle als alternativer Standort im Gespräch. Heute ist das Ensemble ein Stadtteil am Ufer der Pegnitz und beherbergt mehrere kleine Unternehmen.

Die Hammersiedlung in Katzwang

Die jüngste der drei Mühlen entstand in Katzwang. Heute liegt der Eisenhammer versteckt unterhalb der Hauptstraße, doch während der industriellen Revolution war das Anwesen ein erfolgreiches metallverarbeitendes Unternehmen. Auf dem Hauptgebäude (Haus 23) verweist noch heute ein Wappenstein mit der Jahreszahl 1758 auf die Erbauung des Hammers, auch wenn an derselben Stelle wohl bereits zuvor eine Mühle existiert hatte.

Die Einrichtung eines Eisenhammers ist auf die große Nachfrage nach dem Schwermetall zurückzuführen, die besonders in der benachbarten Reichsstadt ständig zunahm. Als einer der ersten Besitzer ist daher auch der Eisenhändler Benedict Gottfried Holeisen urkundlich bekannt. Ob er oder seine Vorfahren für die Gründung des Katzwanger Hammers verantwortlich sind, ist allerdings nicht bekannt. Verbrieft ist dagegen, dass er das Anwesen 1792 wieder verkaufte. Die Anlage wuchs im Zuge der industriellen Revolution zunehmend und kam schließlich in den Besitz der Familie Schaeff. Auch nach der Jahrhundertwende blieb der Hammer ein lukratives Unternehmen, denn 1925 stellte Hans Schaeff den Antrag auf den Bau einer weiteren Werkstätte (Haus Nummer 25). Ähnlich wie die Gerasmühle verfügte der Katzwanger Hammer über eine eigene Infrastruktur mit Werkstätten, Wohnhäusern und einer Gaststätte. Doch letztlich war auch die Katzwanger Mühle gegenüber den großen Konzernen des späten 20. Jahrhunderts nicht mehr konkurrenzfähig. Heute befindet sich in der Anlage eine Kunstmühle, und die Nebengebäude sind zu gefragten Wohn- und Büroflächen geworden.

Spurensuche im Rednitztal

Der Weg durch das Rednitztal beginnt bei der ehemaligen Hammersiedlung **Katzwang** und startet mit der Abzweigung der Straße »Am Hammer« von der Katzwanger Hauptstraße. Auf der rechten Seite erhebt sich ein zweigeschossiger Sandsteinbau aus dem Jahr 1879 (Nr. 27). Er diente wohl als Werkstatt und Verwaltungsgebäude. Direkt dahinter befindet sich das neue Werkstattgebäude (Nr. 25) aus dem Jahr 1925. Am Fluss liegt schließlich die eigentliche Hammermühle aus dem Jahr 1758. Das imposante Gebäude wurde in der Folgezeit mehrmals vergrößert und erweitert. Auf der Flussseite sind die Stauwehre noch erhalten. Folgt man der Mühle

Die Eisenbahnbrücke zwischen Nürnberg und Schwabach: nach dem Krieg wiederaufgebaut

nach links, erhebt sich linker Hand ein weiteres Sandsteingebäude aus dem Jahr 1879 (Nr. 17). Die enormen Erweiterungen in dieser Zeit zeigen, wie sehr der Katzwanger Hammer von der Industrialisierung profitierte. Dahinter führt der Rundgang nach links und an den alten Wohnhäusern aus dem frühen 19. Jahrhundert vorbei (Nr. 11/13). Bereits kurz nach dem Errichten des Eisenhammers wurden also die ersten Wohngebäude für die Arbeiter errichtet.

Da die alte Fußgängerbrücke am Hammer gesperrt ist, führt der Weg am anderen Ende der Siedlung wieder hinaus und rechts über die Brücke. Auf der anderen Uferseite zweigt rechts ein Weg ab, der an der Rednitz entlang und schließlich hinter den Sportplätzen immer weiter nach Norden durch den malerischen Wiesengrund führt. Nach kurzer Zeit erreicht man dort die **historische Eisenbahnbrücke** zwischen Nürnberg und Schwabach aus dem Jahr 1848. Besonders für die etwas abseits gelegenen Industriestandorte war die Anbindung an die Eisenbahn ein wichtiger Faktor und vielleicht einer der Gründe für den Bau des Eisenhammers in Katzwang. Die Brücke wurde im Zweiten Weltkrieg zerstört und von den Amerikanern bereits 1946 wegen ihrer großen Bedeutung wieder aufgebaut.

Am Wiesengrund entlang geht es nun über die Rednitz und schließlich nach links in den Schwabacher Stadtteil Wolkersdorf. Vorbei an der Traditionsfirma »Hans Keller« stößt der Weg auf die **Wolkersdorfer Hauptstraße**. Hier sind noch die typischen Merkmale eines traditionellen »Straßendorfes« zu erkennen, denn alle wichtigen Handwerksbetriebe und Läden liegen direkt an der Hauptstraße. Dieser folgt man nun rechts in Richtung Nürnberg.

Nach einem Kilometer erhebt sich deutlich die **Drahtfabrik Mühlhof** über die anderen Gebäude. Von der Hauptstraße biegt rechts die Stieberstraße ab, benannt nach der berühmten Fabrikantenfamilie, die auch in Roth die Drahtindustrie begründet hatte. Entlang dieser Straße reihen sich die kleinen Wohnhäuser der Arbeitersiedlung der leonischen Drahtwerke aneinander. Die heute bescheiden wirkenden Gebäude waren für die Arbeiter des späten 19. Jahrhunderts ein wahrer Quantensprung an Wohnkomfort. Von hier aus erreicht man direkt die ehemalige Fabrikanlage. Die Außenflächen sind frei begehbar und ermöglichen einen Rundgang durch die historischen Gebäude der »Drahtwerke Mühlhof«. Bei dem Besuch der dicht bebauten Anlage wird auch deutlich, warum die »LEONI AG« 1992 keine Möglichkeit mehr sah, diesen Standort nach modernen Maßstäben zu erweitern.

Vor der Reichelsdorfer Brücke zweigt links die Seitzstraße ab. Diese führt parallel zur Rednitz und erreicht schließlich den **Oedweiher**, ein Naturreservoir, das zu einer kleinen Rast einlädt. Hier befindet man sich übrigens auf der Drahtzieherstraße, ein weiterer Verweis auf die Fabrik in Mühlhof.

Etwas weiter die Straße hinunter ist das »**Feldbahn-Museum 500**«, eine private Sammlung von Schmalspurbahnen. Es widmet sich dieser Sonderform der Eisenbahn, die in Bayern meist nur auf Nebenstrecken oder als Grubenbahn eingesetzt wurde. Da die Anlage aber nur selten geöffnet ist, beschränkt sich der Besuch meist auf eine kurze Betrachtung der Lokomotive an der Straße.

An der folgenden Kreuzung geht es zunächst nach rechts und dann links direkt an der Rednitz weiter. Am Ufer entlang führt der Weg schließlich zur **Gerasmühle**. Bereits aus einiger Entfernung kann man das mächtige Wehr erkennen. Das Ensemble ist die größte der drei Industriesiedlungen. Direkt an der Straße befinden sich ein alter Stadel (Nr. 18), das ehemalige Gasthaus aus dem 18. Jahrhundert (Nr. 16) und das Verwaltungsgebäude der Gerasmühle aus dem Jahr 1810 (Nr. 14). Die weiteren Gebäude sind Wohnhäuser aus dem 19. Jahrhundert. Im Inneren der Anlage erreicht man zunächst das lang gezogene Mühlengebäude (Nr. 5 und 7). Es handelt sich um die ursprüngliche Hammermühle, die bis ins 20. Jahrhundert betrieben wurde. Dahinter, kaum zu erkennen und mit einem Zaun abgeriegelt, befindet sich die zweite Fabrik der Gerasmühle. Das Ensemble bestand also in seiner Hochzeit aus mehreren Wohngebäuden, zwei Fabriken und einer Gaststätte.

Zusammen mit dem Verwaltungs- und den Wirtschaftsgebäuden kann man hier durchaus von einer eigenen Siedlung sprechen.

Über die hintere Brücke führt der Weg dann zurück durch den Wiesengrund. Die weiten Felder und das große Anwesen links gehören der **Familie Zwingel**. Hier handelt es sich um einen der letzten landwirtschaftlichen Großbetriebe innerhalb der Stadtgrenzen von Nürnberg.

Vor der Reichelsdorfer Brücke führt der Rückweg dann vom Wiesengrund weg zur Reichelsdorfer Hauptstraße in Richtung Katzwang. Dort liegt die **Tankstelle »Klinger«**, die noch das Flair der 1960er-Jahre ausstrahlt. Etwas weiter die Schalkhausstraße hinunter liegt das **Waldstromer Schlösschen**. Es wurde 1623 errichtet und war ab 1921 im Besitz des Nürnberger Fabrikanten Hans Durban. Es steht damit beispielhaft für den Drang der Industriebarone, sich als neuer Adel zu profilieren.

In der Verlängerung der Straße geht es noch einmal kurz durch den Wiesengrund und dann rechts am Bahndamm entlang bis zum **Reichelsdorfer Bahnhof**. Von dort aus empfiehlt es sich, mit der S-Bahn zurück nach Katzwang zu fahren. Alternativ kann man von Reichelsdorf aus die Strecke des Hinweges wählen oder hinter dem Reichelsdorfer Bahnhof über die Kellerstraße zur Katzwanger Straße weiterlaufen. Diese Strecke führt dann über mehrere Kilometer wieder zur Hammersiedlung.

Industriedorf im Naturparadies: Die Gerasmühle ist heute ein beliebtes Ausflugsziel.

Am Rande des Weges – der Hafen Nürnberg

Nicht weit von Katzwang entfernt liegt der Nürnberger Kanalhafen. Die ersten Planungen für eine Hafenanlage in diesem Gebiet gab es bereits 1926, damals aber noch für den Ludwigskanal. Allerdings verhinderte der Zweite Weltkrieg die Umsetzung. Erst mit den Bauarbeiten am Main-Donau-Kanal 1960 wurde auch der Bau eines Nürnberger Hafens wieder interessant. Ab 1965 wurde schließlich der Nürnberger Stadtteil Hinterhof zugunsten des Projektes abgerissen; die Einwohner wurden finanziell entschädigt und umgesiedelt. Nach sieben Jahren Bauzeit konnte der Hafen im September 1972 eingeweiht werden, womit gleichzeitig der Nordabschnitt des Main-Donau-Kanals freigegeben wurde. Seitdem wurde die Hafenanlage mehrmals erweitert.

Mittlerweile ist das umliegende Areal ein beliebtes Gewerbegebiet für Logistikunternehmen – und der Hafen mit jährlich ungefähr 15 Millionen Tonnen Warenumschlag das größte Güterverkehrs- und Logistikzentrum in Süddeutschland.

Containerstation am Hafen Nürnberg

Der Stift, der alles veränderte

Es gibt in Deutschland nur wenige Städte, deren Entwicklung so eng mit einer einzigen Firma verbunden ist wie jene von Stein mit »Faber-Castell«. Bis zur Firmengründung im Jahr 1761 war der Ort an der Rednitz ein wenig bedeutendes Dorf mit einigen Handwerkern. Doch dank des weltweit größten Bleistiftherstellers veränderte sich das Bild der heutigen Stadt grundlegend. Deshalb findet man in Stein kaum eine Straße ohne irgendeinen Bezug zu »Faber-Castell«.

Tour: Rundgang durch Stein, beginnend am Schloss Stein, dann durch die Stadt und den Faberpark.
Länge: 5 km Rundwanderung.
Dauer: 90 Min. Rundgang + 90 Min. Führung durch das Museum »Alte Mine«.
Familie: Der Rundgang führt durch die Stadt Stein auf befestigten Straßen und durch den Faberpark mit gut angelegten Pfaden. Für Kinder empfiehlt sich eine Pause auf dem Spielplatz im Wiesengrund.
Saison: Ganzjährig.
Variante: Eine Ausweitung der Route bis zur Gerasmühle (s. S. 59ff.) verlängert die Route auf 10 km.
Anfahrt: *Kfz:* Über die B 2 zwischen Nürnberg und Schwabach und dann über die B 14. *ÖPNV:* Mit der S-Bahn-Linie 4 bis Bahnhof Stein, der ca. 1 km vom Schloss entfernt liegt. Alternativ U-Bahn-Linie 2 bis Haltestelle »Nürnberg Röthenbach« und mit den Buslinien 63, 64 oder 67 bis Stein.
Service: Das Museum ist nicht barrierefrei. Im Hauptwerk an der Nürnberger Str. befindet sich der »Faber-Castell«-Shop am Schloss Stein.

Vom Einmannbetrieb zum Weltkonzern

Im Jahr 1758 zog der unbekannte Schreinergeselle Caspar Faber von Langenzenn nach Stein, um dort die Schreinerwitwe Maria Hopf zu heiraten. Welche Konsequenzen sich aus diesem Schritt ergaben, konnte damals keiner auch nur ansatzweise ahnen. Zwar fertigten die ansässigen Schreiner bereits seit 1719 Bleistifte an, doch die Anfänge des eingeheirateten Schreiners Caspar Faber waren alles andere als vielversprechend. Dennoch war sein berufliches Leben durch den Umzug nach Stein untrennbar mit den Bleistiften verbunden, denn schon kurz nach der Hochzeit arbeitete er als Hilfskraft für Johann Andreas Guttknecht, dem damals größten Bleistifthersteller des Ortes.

1761 war Caspar Faber schließlich der Meinung, er hätte sich genügend Fachwissen für eine eigene Bleistiftmanufaktur angeeignet und fertigte nach Feierabend Bleistifte in der eigenen Werkstatt. Doch seine Bemühungen, auf eigenen Beinen zu stehen, erwiesen sich zunächst als überaus schwierig. Besonders die harte Konkurrenz in Stein erforderte einen mehrmaligen Standortwechsel. Es deutete wenig darauf hin, dass der Name »Faber« langfristig größere Bedeutung für Stein haben könnte.

Erst als sein Sohn Anton Wilhelm Faber 1783 jenes Grundstück kaufte, auf dem sich noch heute die Konzernzentrale befindet, konnte die kleine Firma ihren ersten festen Standort beziehen. Unter seiner Leitung erlebte der Handwerksbetrieb seine erste Blütezeit und wuchs bis zum frühen 19. Jahrhundert zu einem ansehnlichen mittelständischen Unternehmen an. Als Georg Leonhard Faber 1810 die Firma in dritter Generation weiterführte, übernahm er einen erfolgreichen Betrieb mit einigem Vermögen. Doch unruhige politische Zeiten und eigene Misswirtschaft brachten die Bleistiftfabrik in wirtschaftliche Stagnation.

Erst mit Lothar Faber, der ab 1839 das Unternehmen leitete, kam wieder neuer Schwung in den Betrieb. Er hatte eine kaufmännische Ausbildung erhalten und bereits einige internationale Kontakte geknüpft. Eine seiner ersten Errungenschaften war die Normierung der Bleistiftminen in verschiedene Härtegrade, die er während seiner dreijährigen Ausbildung in Paris einführte und die bis heute Gültigkeit besitzt. Vom Tod seines Vaters überrascht, kehrte er unverzüglich von Frankreich nach Stein zurück, um die Firma zu leiten.

Dort angekommen, fand er einen kaum mehr konkurrenzfähigen Betrieb vor. Doch dank seiner umfassenden Ausbildung und seiner internationalen Kontakte, führte er das Unternehmen wieder in bessere Zeiten. Er beendete die handwerklichen Herstellungsmethoden, verkaufte das familieneigene Ackerland, nahm einen Kredit auf, schaffte die erste Dampfmaschine an und begann das Unternehmen zu einem industriellen Großkonzern umzubauen. Seine besondere Leistung aber war es, dass Lothar Faber neben der wirtschaftlichen Expansion auch die Qualität der Bleistiftminen deutlich steigerte und neue Qualitätsstandards setzte. Zu dieser Zeit beeinflusste die Firma »Faber« immer deutlicher das Stadtbild, denn das Unternehmen kaufte alle Mühlen und Hammerwerke auf, um an ihrer Stelle Fabrikgebäude zu errichten. Die prägendste Veränderung des Ortsbildes aber entstand, als sich Lothar Faber einen standesgemäßen Wohnsitz in direkter Firmennähe zulegte, der 1847 fertiggestellt wurde. Er ließ sich an der Grenze zu Nürnberg ein Schloss bauen und 1852/53 den Faberpark anlegen; und auch viele soziale Projekte aus dieser Zeit sind eng mit seinem Namen verbunden und prägten nachhaltig das Erscheinungsbild von Stein. Höhepunkt seines sozialen Aufstieges war 1862 die Erhebung in den Freiherrenstand durch König Maximilian II. von Bayern. 1881 erfolgte schließlich die Erhebung in den erblichen Freiherrenstand.

Die Firma war erfolgreich und mit dem einzigen Sohn Wilhelm Faber arbeitete auch der potenzielle Nachfolger bereits seit 20 Jahren im Unternehmen. Doch 1893 wurde die Erbfolgeplanung

Symbol des Bleistiftimperiums:
Das malerische Steiner Schloss befindet sich direkt am Werksgelände von »Faber-Castell«.

Eine historische Werkbank, die einst zur Minenfertigung diente

des Konzerns nachhaltig erschüttert, als Wilhelm mit 42 Jahren überraschend an Herzversagen starb. Auch Lothar Fabers Enkelsöhne waren bereits im Kindesalter verstorben und seine Brüder hatten das Unternehmen schon länger verlassen, sodass die Nachfolge neu geregelt werden musste. Schließlich erbte seine Witwe Ottilie 1896 die Firma, die nach ihrem Tod 1903 letztlich an ihre gleichnamige Enkeltochter überging. Eine Erbfolge, die sehr zur weiteren positiven Entwicklung des Unternehmens beitragen sollte. Denn Ottilie heiratete zwei Jahre später den Grafen Alexander zu Castell-Rüdenhausen und begründete damit nicht nur das neue Adelsgeschlecht Faber-Castell. Vielmehr erwies sich ihr Ehemann, den sie als Teilhaber in das Familienunternehmen aufnahm, auch als kluger und innovativer Geschäftsmann. Er vergrößerte den Betrieb im frühen 20. Jahrhundert mehrmals und ließ 1903 das »Neue Schloss« an den alten Wohnsitz anbauen.

Auch der Erste Weltkrieg konnte »Faber-Castell« nicht langfristig in wirtschaftliche Schwierigkeiten bringen. Vielmehr baute die Firma ihren Einfluss in der Zwischenkriegszeit durch geschickte Zukäufe und Beteiligungen weiter aus. Nach dem Tod von Alexander Graf von Faber-Castell 1928 übernahm dessen einziger Sohn Roland die Geschicke der Firma und musste das Unternehmen bald durch den nächsten großen Krieg führen. Unter seiner Leitung gelang es der Bleistiftmarke aber, nach 1945 schnell wieder

Fuß zu fassen. Vor allem die Einführung des Fallminen- oder TK-Stiftes sorgte 1948 erneut für den internationalen Durchbruch. Die ab 1960 betriebene Internationalisierung des Konzerns durch eine stetig wachsende Zahl an weltweiten Niederlassungen war ebenso sein Verdienst.

Seit 1978 leitete der 2016 verstorbene Anton Wolfgang Graf von Faber-Castell den Weltkonzern. Er hat diesen zu einem modernen und umweltbewussten Unternehmen umgebaut, das immer wieder neue Akzente setzt. Wie seine Nachfolge genau aussehen wird, ist noch ungewiss.

Das Fabrikmuseum »Alte Mine«

Das Fabrikmuseum »Alte Mine« nimmt seine Besucher mit auf eine eineinhalbstündige Zeitreise und zeigt, wie im späten 19. und frühen 20. Jahrhundert bei »Faber-Castell« Bleistiftminen herge-stellt wurden. Schnell wird auch klar, warum die Arbeiter in der Minenfabrik früher den Spitznamen »Rußkäfer« bekamen, denn die Arbeit in den sogenannten »Bleimühlen« an der Rednitz war nicht nur anstrengend, sondern aufgrund des feinen Grafitstaubes auch überaus dreckig.

Am Beginn der Führung geht es natürlich erst einmal um die Geschichte der Firma »Faber-Castell«, die für jeden Besucher neue und spannende Anekdoten bereithält.

Fabrikmuseum Alte Mine Faber-Castell
Mühlstr. 2, 90547 Stein
Tel. 09 11/88 19 91 08, www.faber-castell.de
3. So im Monat 11.00–17.00
Familienticket 10 €, Erwachsene 4,50 €, ermäßigt 3 €

Danach geht es durch die historischen Räumlichkeiten. Auf dem Weg durch die verschiedenen Produktionsschritte bis zur finalen Qualitätskontrolle bildet man sich mitunter ein, in der Rednitz noch die Wasserräder rattern und die Werkzeugmaschinen stamp-fen zu hören. Jeder einzelne Raum ist so originalgetreu wie mög-lich erhalten worden, sogar die rußgeschwärzten Wände wurden in ihrem historischen Zustand beibehalten, um einen möglichst realistischen Eindruck vom harten Arbeitsalltag zu vermitteln.

Das historische Werk 3 von »Faber-Castell«, in dem auch das Museum untergebracht ist

Eine interessante Abwechslung bieten die Waschräume, in denen man dank einer Audioinstallation den Arbeitern beim Gespräch über den Arbeitsalltag im tiefsten fränkischen Dialekt zuhören kann. Auch der helle und saubere Verwaltungsbereich und das historische Labor bieten einen optischen Kontrast. Hier kann man die Qualitätsprüfungen nachvollziehen, die noch auf die Vorgaben von Lothar Faber zurückgingen.

Den Abschluss bildet das riesige Heizhaus. Einst diente es mit seinen glühenden Öfen der Erwärmung des gesamten Gebäudes. Heute ist es ein Veranstaltungsraum und bietet den Besuchern des Museums einen Blick in die modernen und wesentlich saubereren Fertigungsbereiche unserer Zeit, die sich in diesem Werk noch befinden.

Immer dem Bleistift nach!

Seit über 250 Jahren befindet sich die Bleistiftfabrik von »Faber-Castell« in Stein. Im Laufe dieser Zeit haben der Konzern und die Familie das Stadtbild in zunehmendem Maße geprägt und verändert. Selbst das Steiner Wappen aus dem Jahr 1949 zeigt die Bleistifte und dazu den Schmied der Familie von Faber.

Die erste und wohl markanteste Sehenswürdigkeit auf den Spuren der Bleistiftstadt liegt bereits an der Stadtgrenze zu Nürnberg. Das »**Faber-Castell'sche**« **Schloss** besteht aus zwei Hauptgebäuden. Das »Alte Schloss« wurde um 1843 von Lothar von Faber in Auftrag gegeben und vom Architekten Friedrich Bürklein im damals populären Neorenaissancestil mit gotischen Zierelementen errichtet.

Der direkt an der Kreuzung liegende Abschnitt des Schlosses lässt sich deutlich vom »Alten Schloss« unterscheiden. Er wurde zwischen 1903 und 1906 für Alexander Graf und Ottilie Gräfin von Faber-Castell durch Theodor von Kramer erbaut. Das separate Gebäude schließt direkt an das »Alte Schloss« an. Es weist Anklänge an die Romantik auf und verleiht dem Gesamtensemble einen märchenhaften Charme, der durch die unverwechselbare Fassade und den vorderen Turm untermalt wird. Aus diesem Grund ist das Schloss heute ein beliebtes Motiv für Dreharbeiten, wie 2010 bei der Verfilmung des Kinderbuchklassikers *Hanni und Nanni*. Auch das Schloss ist im Rahmen einer eineinhalbstündigen Führung zu besuchen.

Am Schloss vorbei befindet sich in südlicher Richtung der **Shop** des Unternehmens. Weiter an der Nürnberger Straße führt der Weg entlang direkt zum **Haupteingang** des Konzerns. Das Areal, auf dem sich das Hauptwerk heute befindet, ist noch immer der Standort, an dem Anton Wilhelm Faber 1783 die erste Werkstatt eingerichtet hatte. An die lange Tradition erinnert – neben vielen anderen Abschnitten auf dem Werksgelände – vor allem das **historische Verwaltungsgebäude** aus dem Jahr 1887, das direkt an der Hauptstraße liegt.

Auf der gegenüberliegenden Flussseite liegt Werk 3, das 1848 errichtet und in mehreren Bauabschnitten bis 1924 erweitert wurde und in dem sich heute das **Museum »Alte Mine«** befindet. Die historische Wehranlage ist noch zu erkennen, auch wenn sie zwischenzeitlich modernisiert wurde und das Wasser statt Mühlrädern mittlerweile eine Turbine zur Stromerzeugung antreibt. Das Museum erreicht man über die Mühlstraße, die hinter dem Firmengebäude verläuft.

Schräg gegenüber befindet sich die **Mühlstraße 9**. Das markante Gebäude gehörte zwischen 1796 und 1893 der Firma »Guttknecht«, die noch um 1800 der größte Bleistifthersteller in Stein war. Auch der junge Caspar Faber hatte 1760 dort sein Wissen zur

Bleistiftherstellung erlangt, eher er nur ein Jahr später seine eigene Bleistiftmanufaktur eröffnete. Doch während »Faber-Castell« später zur Weltmarke heranwuchs, endete die Geschichte der Firma »Guttknecht« 1893 im Konkurs.

Aber nicht nur wirtschaftliche Interessen trieben die Familie Faber an, auch für soziale Belange hatte sie immer ein offenes Ohr. Etwas weiter die Mühlstraße hinunter liegt an der Abzweigung zur Ottilienstraße das **ehemalige Waisenhaus**, dessen Grundstück 1893 von Lothar von Faber gestiftet worden war. Als es 1899 nach Umstrukturierungen leer stand und zu verfallen drohte, kaufte Lothars Witwe Ottilie von Faber 1901 das Gebäude, sanierte es und stellte es Stein, das damals noch eine Gemeinde war, zur Verfügung. Diese nutzte es als Krankenhaus und benannte es nach der Spenderin in Ottilienstift um. Markant ist die in der Seitenfassade eingebaute Skulptur des Engels, der seine Hände schützend über zwei Kinder hält.

Folgt man nun der Ottilienstraße, steht auf der rechten Seite ein zweiflügliges rotes Gebäude. Auch diese **Industrie- und Kinderschule** ging auf die Witwe Ottilie von Faber zurück, die die von ihrem Mann 1851 begründete Idee einer »Kinderbewahranstalt« für ihre Angestellten und die Einwohner Steins weiterführte. Ihre Enkelin Ottilie Gräfin von Faber-Castell ließ 1905 das Gebäude

Die »Faber-Siedlung« am Mecklenburger Platz entstand um die Jahrhundertwende.

errichten und widmete ihrer Großmutter einen Gedenkstein zur Initiierung des Projektes im Jahr 1903. Noch heute beherbergt das Haus einen Kindergarten, der allerdings von der evangelischen Kirche betrieben wird.

Besonders im 19. und frühen 20. Jahrhundert wurde die Firma »A. W. Faber« oft mit der Wohnungsnot ihrer Mitarbeiter konfrontiert. Aus diesem Grund initiierte die Inhaberfamilie immer wieder Siedlungsprogramme. Das größte davon war die »Faber-Siedlung« am **Mecklenburger Platz**, die direkt links von der Ottilienstraße liegt. Ab 1865 ließ Lothar von Faber eine Plansiedlung errichten, die sich an Mustersiedlungen nach englischem oder französischem Vorbild orientierte, welche er während seiner Auslandsaufenthalte kennengelernt hatte. Bis 1874 waren bereits 50 Häuser mit 208 Wohnungen entstanden.

Auf der anderen Seite des Mecklenburger Platzes zweigt die Alexanderstraße wieder in Richtung Hauptstraße ab. Dort liegt die **neue Stadtkirche** von Stein, die unter großem Engagement von Lothar von Faber 1861 entstanden ist. Denn über Jahrhunderte hinweg war Stein ein kleines Dorf geblieben, das erst im 19. Jahrhundert deutlich an Größe und Bedeutung gewonnen hat. Um dem Standort ihres Unternehmens nun auch eine entsprechende regionale Bedeutung zu verleihen und sich zudem einen gewissen politischen Einfluss zu sichern, setzte sich die Familie von Faber sehr für eigene Schulen und ein eigenes Gotteshaus ein. Dank des finanziellen und persönlichen Engagements konnte der Plan eines Baus schließlich umgesetzt werden. Aus Dank stifteten die Bürger eine Gedenkplakette, die noch heute in der Kirche zu sehen ist.

Entlang der Hauptstraße führt der Rundgang nun zurück in Richtung Rednitz und dann rechts auf den »**Alten Kirchplatz**«. Die alte reformierte Steiner Kirche stand bereits seit dem frühen 18. Jahrhundert leer, ehe sie 1813 in den Besitz von Georg Leonhard Faber kam. Erst 1858 ließ Lothar Faber dort die ersten Arbeiterwohnungen einrichten. Von hier aus geht es nun wieder zurück zum Schloss und zu einem entspannten abschließenden Spaziergang durch den Faberpark. Die 1853 angelegte, waldreiche Anlage mit eigenem See, einer künstlichen Ruine und einer Gedenkstätte sollte der Grafenfamilie als Rückzugsort dienen. Mittlerweile gehört er der Stadt Nürnberg und ist seit 1984 ein beliebtes Naherholungsgebiet in der Metropolregion.

Am Rande des Weges – die Nürnberger Südstadt

Zwischen der Katzwanger Straße und der Landgrabenstraße erstreckt sich die Nürnberger Südstadt. Diese Mischung aus Indus-
trie- und Wohngebiet entstand ab 1830 im Zuge der industriellen
Revolution. Besonders die Ansiedlung der »Schuckertwerke« und
der »MAN« förderte gegen Ende des 19. Jahrhunderts noch einmal
das Wachstum dieses Gebietes. Es war geprägt von großzügigen
Industrieflächen und mehrstöckigen Wohnanlagen, die den Arbeitern der Fabriken eine bescheidene Unterkunft bieten sollten.
Aufgrund der Waffenfabrikation während des Zweiten Weltkrieges
wurde die Südstadt mehrmals Ziel von Luftangriffen, sodass viele
Gebäude zerstört wurden. Die schnell wieder errichteten Wohnhäuser der Nachkriegszeit wurden, wenn auch dieses Mal wesentlich großzügiger, erneut mit dem Ziel gebaut, möglichst vielen
Menschen Wohnraum zu bieten.

Bis heute hat sich in der Südstadt die Großindustrie gehalten
und kann mit »MAN« und »Siemens« weiterhin zwei internationale Schwergewichte vorweisen. Andere Firmen, wie die Schuhfabrik
am Ulmencarree, haben ihren Betrieb eingestellt und dienen mit
ihren alten Werkshallen als Heimat für neue Gewerbe.

Das Gebäude der ehemaligen »Fränkischen Schuhfabrik« an der Ulmenstraße

Plansiedlung nach englischem Vorbild

Zur Hochphase der industriellen Revolution waren die Lebensumstände der einfachen Arbeiter erbärmlich. Um dieser Situation entgegenzutreten, entstanden in ganz Europa Siedlungsbauprojekte. Eines der bekanntesten war die Konzeption einer Gartenstadt durch den Londoner Stadtangestellten Ebenezer Howard aus dem Jahr 1898. Auf der Grundlage seiner Ideen entstanden in Nürnberg die Siedlungen Rangierbahnhof, die Werderau und die Gartenstadt selbst.

Tour: Rundgang durch die Gartenstadt Nürnberg und zum Ludwigskanal.

Länge: 5 km Rundwanderung.

Dauer: 90 Min. Rundgang.

Familie: Der Rundgang führt über asphaltierte Straßen und befestigte Wege bei geringem Höhenunterschied. Im Bereich des zugeschütteten Kanals befinden sich ein Bolzplatz, ein Spielplatz und diverse Bänke für eine Rast.

Saison: Ganzjährig.

Variante: Eine Ausweitung der Tour zur Schleuse Eibach am Europakanal und zum Hafen Nürnberg erweitert die Strecke auf 16 km.

Anfahrt: *Kfz:* Der Nürnberger Stadtteil liegt direkt an der A73, Ausfahrt Hafen-Nord/Gartenstadt. *ÖPNV:* Straßenbahn (Linie 5) und Bus (Linien 67, 68) bis Haltestelle »Finkenbrunn«.

Service: Das Gesellschaftshaus Gartenstadt (Buchenschlag 1) verfügt über ein großes Restaurant.

Die Gartenstadt – ein Stück vom Paradies

Die industrielle Revolution veränderte im 19. Jahrhundert die ganze Welt. Riesige Fabrikanlagen entstanden, unzählige Arbeiter strömten in die Städte und mächtige Wohnburgen schossen wie Pilze aus den Böden, die zehn Jahre zuvor noch Bauern als Äcker gedient hatten. Kurz gesagt: Innerhalb von wenigen Generationen war das gesamte Leben auf den Kopf gestellt worden. Auch Nürnberg war über die historischen Stadtgrenzen hinausgewachsen. Die freien Flächen südlich der Frauentormauer hatten sich in jene Mischung aus Fabrik- und Wohnanlagen verwandelt, die später die Südstadt begründen sollte.

Doch während die Fabrikbesitzer und Ingenieure ihr Leben in schlossgleichen Villen genießen konnten, führte der Großteil der Arbeiterschaft ein erbärmliches Leben auf wenigen Quadratmetern. Der explosionsartige Anstieg der Einwohnerzahl hatte zur Mitte des 19. Jahrhunderts eine Bauplanung erforderlich gemacht, die in möglichst kurzer Zeit so viel Wohnraum wie möglich schaffen sollte. Dabei wurden lediglich die grundlegendsten Bedürfnisse der Arbeiter berücksichtigt. Bauprojekte von Industriebetrieben gab es nur vereinzelt. Erst mit dem Aufkommen der Arbeiterbewegungen gegen Ende des 19. Jahrhunderts entstanden auch Ideen für sogenannte Plansiedlungen, die den Arbeitern und ihren Familien ein bisschen Wohlstand ermöglichen sollten.

Die Idee zur Gestaltung einer Gartenstadt stammte von Ebenezer Howard, einem Londoner Beamten, der 1898 eine Plansiedlung entwarf, die eine Lösung für die schlechte Wohnsituation der Arbeiter darstellen sollte. Seiner Vorstellung nach sollten die Gartenstädte als völlig neu konzipierte Wohnräume kreisförmig um eine

Das Gesellschaftshaus: zentraler Veranstaltungsort der Gartenstadt

Kernstadt angeordnet und mit Bahnverbindungen an das Zentrum angeschlossen werden. Mittelpunkt einer jeden Siedlung sollte ein parkartiger Platz sein, auf dem sich alle öffentlichen Gebäude befanden. Darum sollten die Wohngebäude entstehen und die »Große Straße« angelegt werden, an der sich weitere Einrichtungen des sozialen Lebens wie Kirchen und Spielplätze aufreihen. Der wichtigste Bestandteil der Idee aber war die völlige Ausklammerung der Industrie in den Gartenstädten selbst.

Die Vision von Ebenezer Howard fand in England und auf dem Festland schnell eine große Anhängerschaft und wurde in abgewandelter Form in ganz Europa umgesetzt. Auch die Gartenstadt in Nürnberg geht in ihrer Grundkonzeption auf seine Idee zurück. Im Jahr 1908 schlossen sich 155 Nürnberger Bürger zur Gartenstadt-Baugenossenschaft zusammen, um gemeinsam südlich der Industriekomplexe eine neue Siedlung zu begründen. Mit 200 Mark Mitgliedsbeitrag wurde der finanzielle Grundstock für den Kauf der Grundstücke und den Bau der ersten Häuser gelegt. Der Münchner Architekt Richard Riemerschmid wurde mit der Planung der Gartenstadt beauftragt und 1911 konnten die ersten 76 Wohnungen bezogen werden.

Die Gartenstadt Nürnberg mit ihrer selbstverwalteten Baugenossenschaft wurde zum Erfolgsprojekt und wuchs beständig. Bis zum Kriegsausbruch 1939 waren 1400 Wohneinheiten in dem neuen Stadtteil entstanden. Zu den Wohngebäuden war gemäß dem Konzept einer Gartenstadt für jedes Haus ein Gartenanteil eingeplant worden. Zudem entstanden eine Schule, ein Kindergarten, das Gesellschaftshaus mit Veranstaltungssaal und eigene Kirchen.

Auch nach dem Zweiten Weltkrieg wuchs die Gartenstadt weiter. Die zerstörten Gebäude wurden in vereinfachter Form wieder aufgebaut und dem architektonischen Stil der ebenfalls errichteten Neubauten angepasst. Heute umfasst die Gartenstadt ungefähr 880 Einfamilienhäuser und 1600 Wohnungen in Mehrfamilienhäusern.

Unterwegs in einer Plansiedlung

Die Ursprünge der Gartenstadt liegen am **Finkenbrunn**; wir starten bei der gleichnamigen Haltestelle. Hier im Schatten des ungeliebten Hochhauses befinden sich noch jene Gebäude, die 1911 den ersten Bauabschnitt der Siedlung bildeten. Mit der Planung war Richard Riemerschmid beauftragt worden, der bereits zuvor in Dresden die Hellerau entworfen hatte, die heute als zweite bedeutende »Gartenstadt« in Deutschland gilt. Nach der Fertigstellung 1911 waren auf beiden Seiten des Finkenbrunns Wohngebäude entstanden, die bis zur Höhe des Buchenschlages verliefen. An der Stelle der heutigen Sparkasse befand sich das Verwaltungsgebäude der »Baugenossenschaft Gartenstadt«. Die Häuser entlang der heutigen Julius-Loßmann-Straße bis zur nächsten Querstraße sind ebenfalls im Ursprung noch von 1911. Erste Geschäfte, wie Schustereien, Metzgereien und ein Lebensmittelhandel, waren bereits vorhanden.

Auf der gegenüberliegenden Straßenseite komplettieren der Finkenbrunn, der Buchenschlag und der Hirschensuhl als gemeinsames Ensemble den ersten Bauabschnitt von Richard Riemerschmid. Etwas weiter den Finkenbrunn entlang liegt das **Gesellschaftshaus der Gartenstadt** . Es stammt aus dem Jahr 1930 und sollte nicht nur Gaststätte, sondern auch zentraler Treffpunkt in der Gartenstadt werden. Bereits zuvor hatte es zwar ein Speiselokal gegeben, dieses war aber schon vor dem Ersten Weltkrieg zu klein für die stetig wachsende Bevölkerung geworden. Auf der Straßenseite des Saalbaus ist noch ein zeitgenössisches Relief zu erkennen, das die Jahreszahlen 1929 für den Baubeginn und 1930 für die Einweihung zeigt.

Direkt neben dem Gesellschaftshaus beginnt entlang des Buchenschlages der zweite Bauabschnitt. Er wurde ab 1912 von Hans Lehr geplant, der für den Großteil der in der Folge errichteten Gartenstadthäuser verantwortlich war. Bis zum Ausbruch des Ersten Weltkrieges entstand der gesamte Straßenzug zwischen Gesellschaftshaus und Frauenlobstraße nach seinen Vorgaben. Hier zeigen sich auch erste, für die Gartenstadt typische Merkmale. Denn immer wieder wird das starre Straßenbild durch Tordurchfahrten und kleine Plätze unterbrochen.

Zwischen 1918 und 1939 entstanden auch die restlichen Gebäude der »alten« Gartenstadt, die man im weiteren Verlauf des **Buchenschlages** bis hin zum **Minervaplatz** erkennen kann. Auch wenn sich die Reihenhäuser hier wie eine Wand nebeneinander aufbauen, waren die Lebensverhältnisse alles andere als beengt. Denn die Gärten liegen alle auf der von der Straße abgewandten Seite. So bilden die Gebäude zwar einen großen Kreis in Form einer Wohninsel. In deren ruhigem Inneren liegen sich die Gärten dafür gegenüber, sodass das nächste Haus weit weg erscheint.

Schöne kleine Häuser mit Gärten und zu erschwinglichem Preis – ein Erfolgsrezept

Am Minervaplatz endet schließlich der Buchenschlag, der die gesamte Gartenstadt durchzieht. Hier steht auch die **Arbeiterstatue** der Gartenstadt. Sie wurde 1927 von Fritz Koelle angefertigt und blickt auf das Werkstattgebäude der Baugenossenschaft, das 1928 in Betrieb genommen wurde.

Parallel zum Buchenschlag durchzieht die Regenbogenstraße die Siedlung. Sie führt zum **Schulhaus** der Gartenstadt. Bereits 1916 war an der Julius-Loßmann-Straße eine Schulbaracke errichtet worden, um die ersten vier Schuljahre abzudecken. Da aber die Zahl der Schüler für das kleine Gebäude bald zu groß wurde, entstand 1927 an der Regenbogenstraße ein neues Schulhaus, das nach dem berühmten schweizerischen Pädagogen Pestalozzi benannt wurde. Bis heute ist hier eine Grundschule untergebracht.

Etwas weiter die Regenbogenstraße hinunter befindet sich das **Kriegsdenkmal** der Gartenstadt. Der Brunnen wurde als Erinnerung an den abgeschlossenen Wiederaufbau der Siedlung nach 1945 errichtet und trägt als Zeichen des Friedens eine goldene Taube am Kopf der Säule.

Hier bietet sich nun die Gelegenheit, auf den **zugeschütteten Teil des »Alten Kanals«** abzuzweigen. Als die letzten Gebäude an der Regenbogenstraße fertiggestellt wurden, verlief der »Alte Kanal« noch direkt vor der Gartentür. Zwar war kaum ein Schiff unterwegs, aber schon in den 1930er-Jahren entwickelte sich das Gewässer

Das Kriegsdenkmal der Gartenstadt erinnert an den Wiederaufbau nach 1945.

zu einem beliebten Naherholungsgebiet. Gleichzeitig bedrohte jedoch die Gefahr eines Dammbruches jederzeit die Anwohner. Erst mit dem Bau des Frankenschnellwegs in den 1970er-Jahren wurde auch dieser Abschnitt des Kanals entleert und zugeschüttet.

Jenseits der Hauptstraße verläuft dann wieder der bewässerte Teil des **Ludwigkanals**. An dieser Stelle übrigens keinen Kilometer entfernt vom heutigen Europakanal und dem Nürnberger Hafen. Besonders sehenswert ist die alte Steinbrücke, die hier den Kanal überquert und über die man wieder zurück in die Gartenstadt kommt.

Hier liegt die »neue« **Gartenstadt**, die ab 1935 entstand. Verfolgt man die Pachelbelstraße wieder in Richtung Hauptstraße, wird das Bild von Mehrfamilienhäusern beherrscht. Dort befindet sich auch die **Kirche der evangelischen Emmaus-Gemeinde**, die 1931 als erstes Gotteshaus in der Gartenstadt eingeweiht werden konnte.

Über die Pachelbelstraße erreicht man außerdem die deutlich jüngere **katholische Kirche St. Franziskus** und schließlich die **Paumannstraße**. An dieser Stelle finden sich wieder Gebäude aus den frühen 1930er-Jahren. Abgeschlossen wird der Rundgang durch die Rückkehr zur Julius-Loßmann-Straße und zum **Gartenstadt-Hochhaus**, dem heutigen Verwaltungssitz der Baugenossenschaft. Hier lohnt noch einmal der Blick nach rechts. Denn die vier baugleichen Reihenhausanlagen stammen als einziges Ensemble ebenfalls noch von Hans Lehr, jenem Architekten, der der Gartenstadt wie kein Zweiter seinen Stempel aufgedrückt hat.

Am Rande des Weges – die Poststadt

Die ersten Siedlungsbauprojekte waren so erfolgreich, dass auch für staatliche Institutionen Plansiedlungen entworfen wurden. Die auffälligste in Nürnberg ist die sogenannte »Poststadt« an der Allersberger Straße. Im Zuge der Bauplanung für ein neues Telegrafenamt wurde von der deutschen Reichspost in Nürnberg zwischen 1927 und 1931 gleich eine vollständige Siedlung errichtet. Hier sollten alle Aufgaben der Post erledigt werden und eine Wohnanlage für die Angestellten entstehen.

Das Amt selbst erhielt ein großes, fünfstöckiges Hauptgebäude direkt an der Hauptstraße, hinter dem sich die verschiedenen Werkstattgebäude und der Fuhrpark in einem bogenförmigen Gesamtkomplex erstreckten. In der anderen Richtung reihten sich neun Wohnblöcke zeilenförmig nebeneinander auf.

Über Jahrzehnte hinweg wurde die Poststadt auch als solche genutzt. Erst im Zuge der Privatisierung wurden die Büroflächen nach und nach anderweitig vermietet und die Wohnungen modernisiert. Doch in seiner ursprünglichen Form ist der Komplex bis heute erhalten geblieben.

Blick auf das Hauptgebäude der ehemaligen Poststadt

10

Nürnberg – DB Museum
Die Wiege der deutschen Eisenbahn

Die Eisenbahn gilt nicht nur als eines der zentralen Symbole der industriellen Revolution. Sie ist darüber hinaus auch ein Beispiel für die herausragende Bedeutung Nürnbergs als Industriestandort in dieser Zeit. Denn als 1835 von hier aus der legendäre »Adler« nach Fürth aufbrach, schlug die Geburtsstunde der deutschen Eisenbahn. Kein Wunder, dass sich das »DB Museum« unweit des Nürnberger Hauptbahnhofes befindet und die abwechslungsreiche Geschichte der deutschen Eisenbahn auf vielfältige Weise präsentiert.

Tour: Besuch des »DB Museums« und Fußweg zum Hauptbahnhof Nürnberg.
Länge: Museumsbesuch.
Dauer: Ca. 2–3 Std.
Familie: Das »DB Museum« hat speziell für seine kleinen Gäste das Kinder-Bahnland »KIBALA« geschaffen.
Saison: Ganzjährig geöffnet.
Variante: Das »DB Museum« liegt direkt an der Nürnberger Altstadt, die sich für kurze und lange Besuche eignet.
Anfahrt: *Kfz:* Über den Nürnberger Innenstadtring in Richtung Bahnhof/Opernhaus, dann der Beschilderung folgen. *ÖPNV:* U-Bahn-Linie 2 bis Haltestelle »Opernhaus«.
Service: Das Museum ist barrierefrei, verfügt über einen großzügigen Shop und ein eigenes Restaurant.

Nürnberg und die Eisenbahn – eine Stadt macht Dampf

Als die Eisenbahn in England zu Beginn des 19. Jahrhunderts ihren Siegeszug antrat, erweckte sie auf dem europäischen Festland ebenfalls großes Interesse. Auch in Nürnberg, zu dieser Zeit immerhin das bayerische Zentrum der Industrialisierung, schauten die Geschäftsleute und Ingenieure nun genau auf die neue Technologie, mit deren Hilfe sich plötzlich viele Waren schnell und über weite Entfernungen transportieren ließen.

Der »Adler«: nach wie vor *das* Symbol der deutschen Eisenbahngeschichte

Rund um die gewerbereichen Städte Nürnberg und Fürth bestand seit jeher ein für vorindustrielle Verhältnisse hohes Verkehrsaufkommen. Besonders die Fürther Straße hatte sich zur am meisten frequentierten Straße im gesamten Königreich entwickelt. Kein Wunder also, dass die ansässigen Kaufleute die Entwicklung in England mit größtem Interesse verfolgten. Sie erkannten bald das enorme Potenzial und setzten alles daran, die Eisenbahn so schnell wie möglich nach Nürnberg zu holen. So gründeten sie die königlich privilegierte Ludwigs-Eisenbahn-Gesellschaft, die am 19. Februar 1834 die königliche Konzession erhielt, eine Eisenbahnlinie nach Fürth zu bauen – auch wenn König Ludwig I. selbst nach wie vor sein Kanalbauprojekt bevorzugte.

Nun galt es, eine passende Lokomotive zu finden und die Streckenführung zu planen. Das Vorhaben musste natürlich perfekt vorbereitet werden, ging es doch darum, den guten Ruf Nürnbergs als bedeutende Handels- und Gewerbestadt zu erhalten. Es dauerte dennoch einige Zeit, die Pläne in die Tat umzusetzen. Am 7. Dezember 1835 startete schließlich der »Adler«, eine Lokomotive des legendären Liverpooler Konstrukteurs Robert Stephenson, seine sechs Kilometer lange Jungfernfahrt vom Nürnberger Plärrer nach Fürth.

Die Ära der deutschen Eisenbahn war eröffnet und kurz darauf startete die Ludwigsbahn auch ihren regelmäßigen Fahrbetrieb. Allerdings musste aufgrund des hohen Kohlepreises der Großteil der Fahrten zunächst mit Pferdekraft durchgeführt werden. Dennoch hatte sich die Eisenbahn als modernes Fortbewegungsmittel bewährt. Nürnberg spielte in der Folgezeit eine Schlüsselrolle im bayerischen Eisenbahnnetz. Mit dem Bau der Ludwig-Nord-Süd-Bahn im Jahr 1844, die von Hof über Bamberg nach Nürnberg und weiter über Augsburg nach München führte, wurde die Stadt nicht nur zu einem zentralen Verkehrsknotenpunkt im Königreich. Denn natürlich profitierten auch die Nürnberger Kaufleute von der stetig steigenden Bedeutung der Eisenbahn. Zum einen konnten die Fabriken schneller und im größeren Maße ihre Waren umschlagen.

Blick in das alte Stellwerk am Freigelände

Zum anderen steigerte die Nachfrage nach Lokomotiven und Schienen auch die Umsätze der regionalen Stahlindustrie.

In diesem Zuge entstand der Nürnberger Hauptbahnhof als Station der bayerischen Staatseisenbahn. Die privat betriebene Ludwigsbahn hatte sich wenige Jahre zuvor nicht imstande gesehen, die Bahnstrecke bis nach Bamberg auszubauen. Die erste Anlage am heutigen Standort wurde 1845 erbaut und entsprechend der damaligen Planungen als Kopfbahnhof konstruiert. Als 1859 die Ostbahnstrecke von einer anderen Betreibergesellschaft entstand, errichtete diese in direkter Nähe, aber in anderer Fahrtrichtung, einen zweiten Kopfbahnhof. Aufgrund der zunehmenden Bedeutung Nürnbergs als Verkehrsknotenpunkt wurden die beiden Bahnhöfe schließlich zu einem gemeinsamen Durchgangsbahnhof zusammengefügt.

Gleichzeitig hatten, sehr zur Freude der Nürnberger Kaufleute, die mit der Bahn umgeschlagenen Warenmengen in kürzester Zeit deutlich zugenommen. Um die steigende Umschlagkapazität bewältigen zu können, entstand 1867 am Kohlenhof ein separater Güterbahnhof. Doch auch dieser geriet bis zur Jahrhundertwende deutlich an seine Kapazitätsgrenzen. Deshalb entschied sich der Stadtrat zum Bau des Rangierbahnhofes in der Nürnberger Südstadt, der aufgrund der Dringlichkeit bereits 1898 als Provisorium angelegt wurde und bis 1900 endgültig mit allen Nürnberger Bahnstrecken verbunden war. Die Nähe zu den großen Fabriken im Süden sorgte schnell für eine starke Auslastung. Gleichzeitig entstand für die Arbeiter im neuen Güterbahnhof wegen der Lage außerhalb der Stadt die neue Siedlung Rangierbahnhof. Schließlich erhielt auch der Nürnberger Hauptbahnhof ab 1900 einen grundlegenden Umbau und ein neues, repräsentatives Empfangsgebäude, das 1906 fertiggestellt werden konnte.

Bis zum Ende des Zweiten Weltkrieges profitierten die Stadt und ihre Unternehmen von der Lage in der Mitte Europas und von den beiden modernen Bahnhöfen. Doch nach 1945 hatte sich dies grundsätzlich verändert. Die Industrie lag in Schutt und Asche und der Eiserne Vorhang teilte Europa in zwei Lager. Nürnberg hatte einen wichtigen Standortvorteil verloren und durch seine Nähe zur innerdeutschen Grenze sogar einen deutlichen Standortnachteil erhalten. Viele Unternehmen zogen nach München oder weiter nach Westen und beendeten damit die industrielle Vorherrschaft Nürnbergs in Bayern.

Erst mit der Wiedervereinigung erhielt die Stadt ihren Status als bedeutender europäischer Verkehrsknotenpunkt zurück. Besonders die wichtigen Routen Berlin–München und Frankfurt–Wien–Budapest führten nun wie früher direkt über Nürnberg. Der Bahnhof verfügte wieder über direkte Anbindungen an alle wichtigen Fernverbindungen im Bahnverkehr und über einen der größten Güterbahnhöfe Europas, der gemeinsam mit dem Nürnberger Hafen zum größten Warenumschlagplatz in Süddeutschland angewachsen ist.

Das »DB Museum« – Zeitreise auf Schienen

Das »DB Museum« hat seinen Hauptsitz in Nürnberg und präsentiert auf drei Ebenen und einem zusätzlichen Freigelände die Geschichte der deutschen Eisenbahn. Es zeigt neben vielen einmaligen Exponaten in seinen beiden Fahrzeughallen vor allem Original-Lokomotiven und -wagen aus nahezu 200 Jahren Eisenbahngeschichte. Da der Besuch im Museum durchaus einen ganzen Tag in Anspruch nehmen kann, wird in diesem Kapitel auf einen zusätzlichen Ausflug verzichtet.

DB Museum Nürnberg
Lessingstr. 6, 90443 Nürnberg
Tel. 08 00/32 68 73 86, www.dbmuseum.de
Di–Fr 9.00–17.00, Sa u. So 10.00–18.00
Erwachsene 5 €, ermäßigt 4 €, Kinder (6–17 Jahre) 2,50 €

Kern des Museums ist eine weltweit einmalige Ausstellung über die Geschichte der Eisenbahn in Deutschland mit zahlreichen Exponaten, Dokumenten und Filmen. Danach folgt die Darstellung der Eisenbahngeschichte, die den Besucher auf zwei Stockwerken, von den Anfängen in England bis zur modernen Bahn der Gegenwart, auf eine abwechslungsreiche Zeitreise mitnimmt.

Im Erdgeschoss befinden sich in der Fahrzeughalle I Originalfahrzeuge des 19. Jahrhunderts, von Deutschlands ältester erhaltener Lokomotive bis zum Salonwagen König Ludwigs II. von Bayern. Parallel dazu verläuft die Darstellung der deutschen Eisenbahngeschichte im Zeitalter der Industrialisierung. Im weiteren Verlauf bildet vor allem die Reichsbahn im Nationalsozialismus einen Schwerpunkt: Ihre schuldhafte Verstrickung in Vernichtungskrieg und Holocaust wird ausführlich dargestellt.

Ein Dieseltriebwagen der Bundesbahn

Im ersten Obergeschoss sorgt seit April 2015 das Modellarium für eine spannende Abwechslung zu den historischen Themen. Über 2 000 Modelle in verschiedenen Maßstäben lassen selbst beim größten Eisenbahnfreund keine Wünsche mehr offen. Daneben erwartet die Besucher eine große Modellbahnanlage, auf der zu festen Zeiten eine Vorführung stattfindet.

Das zweite Obergeschoss beherbergt neben den aktuellen Sonderausstellungen und dem Museum für Kommunikation vor allem das Kinder-Bahnland »KIBALA«, das den jüngeren Besuchern einen spielerischen Zugang zum Thema verschaffen soll.

Den Abschluss des Besuches bilden die Freianlage und die Fahrzeughalle II. Dort ist die Fortsetzung der Sammlung von Original-Lokomotiven aus der deutschen Eisenbahngeschichte untergebracht. Auf dem weiteren Areal befinden sich das Schaudepot, der historische Bahnsteig, ein interaktives Stellwerk sowie eine Feldbahn zum Mitfahren.

Für jene, die nach einem ausführlichen Tag im »DB Museum« noch mehr Bahngeschichte erleben möchten, existiert die Möglichkeit, einen Spaziergang zum ehemaligen Kohlenhof am Nürnberger Plärrer zu machen. Hierfür muss man nur der Bahntrasse 800 Meter in Richtung Fürth folgen.

Am Rande des Weges – die Nürnberger Pegnitzmühlen

Entlang der Pegnitz befanden sich im Jahr 1601 alleine in Nürnberg 131 Mühlen. Bereits 1390 war von Ulman Stromer die erste Papiermühle Deutschlands konstruiert worden und 1415 wurde in der Sandmühle die mechanische Drahtherstellung entwickelt. Beide Erfindungen trugen maßgeblich zur Mühlenentwicklung im Nürnberger Umland und der entsprechenden Handwerkskunst bei.

Die Groß- und die Kleinweidenmühle liegen westlich der Altstadt und wurden bereits 1234 urkundlich erwähnt. Anfangs wurden sie als normale Getreidemühle genutzt, ehe die Großweidenmühle im 15. Jahrhundert auch mit einem Eisenhammer und einer Drahtzieherei ausgestattet wurde. Die Kleinweidenmühle trieb eine Schleiferei und einen Messinghammer an. Beide Mühlen wurden 1487 mit einem Steg verbunden. Die Großweidenmühle kam 1494 zu speziellen Ehren, als Albrecht Dürer das Anwesen samt Brücke auf seinem Bild *Die Drahtziehmühle* darstellte.

Ähnlich wie die anderen Mühlen rund um Nürnberg wurden die Groß- und Kleinweidenmühle über die Jahrhunderte hinweg auf vielfältige Weise genutzt. Sie dienten als Hammerwerke, Papiermühlen und als Fabrik des Bleistiftherstellers »Lyra«. Das Ende der beiden Anlagen kam mit den schweren Zerstörungen im Zweiten Weltkrieg, von denen sich die Mühlen nicht wieder erholen sollten.

Nürnberg-Klingenhof

11

Zwischen Autos, Schwermetall und Margarine

Die industrielle Revolution hatte Nürnberg bildlich gesprochen regelrecht aus den historischen Stadtgrenzen »gesprengt« und im Süden der Stadt ein neues, riesiges Industrie- und Wohngebiet geschaffen. Doch auch die Südstadt bot auf Dauer nicht genug Platz für die ständig zunehmende Zahl an Fabriken. Erst mit der Eingemeindung von Klingenhof entstanden gegen Ende des 19. Jahrhunderts auch dort große Fabrikanlagen, die sich heute noch wie Industrieschlösser über die Nordstadt erheben.

Tour: Rundgang durch den Stadtteil Klingenhof vom »Ofen-werk« über den »Resi-Park« zum Nordostpark.
Länge: 4 km.
Dauer: Ca. 1 Std. Rundgang + 45 Min. Museumsbesuch.
Familie: Der Weg verläuft vollständig auf Straßen und Fußwe-gen, ein Höhenunterschied ist nicht vorhanden.
Saison: Ganzjährig.
Variante: Vom »Ofenwerk« erreicht man über den Nordostbahn-hof das »Museum Industriekultur«. Die Route verlängert sich auf 10 km hin und zurück.
Anfahrt: *Kfz:* Über den Nürnberger Innenstadtring in Richtung Flughafen und über die Äußere Bayreuther Str. rechts auf die Klingenhofstr. *ÖPNV:* U-Bahn-Linie 2 bis Haltestelle »Ziegel stein«.
Service: Das »Ofenwerk« ist barrierefrei und besitzt ein eigenes Bistro.

Die Nürnberger Nordstadt – stampfende Maschinen und heiße Rhythmen

Gegen Ende des 19. Jahrhunderts platzte die Nürnberger Südstadt aus allen Nähten. Die ständig wachsende Zahl an Fabriken und der Bau des Rangierbahnhofes samt Arbeitersiedlung hatten die freien

Gewerbeflächen auf ein Minimum reduziert. Gleichzeitig wurden im Nordwesten mit Klingenhof und Erlenstegen zwei Dörfer eingemeindet, die gemeinsam mit dem bestehenden Stadtteil Schafhof ein neues Wohn- und Industriegebiet für die wachsende Stadt schaffen sollten. Mit der Gründung des Nordostbahnhofs entstand 1899 die notwendige Infrastruktur. Schnell entdeckten die ersten Unternehmen auch den Nürnberger Norden als interessanten Standort für ihre Fabriken.

Schnell wuchsen außerdem in Nürnbergs Nordosten die Schornsteine in den Himmel. Zwei besonders große Fabrikanlagen entstanden mit den »Vereinigten Margarinewerken« 1911 und der Firma Neumeyer 1918 (Ofenwerk). Gemeinsam mit vielen kleineren Firmen bildeten sie vor allem in Klingenhof ein neues, modernes Industriegebiet.

Die Geschichte der »Vereinigten Margarinewerke« begann im Jahr 1911 mit der Fusion der beiden Nürnberger Margarineproduzenten Heinrich Lang und »Selb & Wohl«. Für den daraus hervorgegangenen Großkonzern entstand bis 1913 die eindrucksvolle Fabrikanlage im neobarocken Stil des frühen 20. Jahrhunderts. Als 1924 das bis heute berühmte »Resi-Schmelz« eingeführt und zum großen Verkaufserfolg wurde, war auch jene Marke geboren, die der Fabrik ihren umgangssprachlichen Namen »Resi-Werke« gab.

Das »Ofenwerk« bietet gutes Essen in historischem Ambiente.

Zusätzliche Popularität erlangte die Margarine durch die »Frische Resi«, eine Heftreihe mit bekannten Autoren, die als Werbebeigabe herausgegeben wurde. Während des Dritten Reiches wurden die beiden jüdischen Gesellschafter 1939 gezwungen, ihre Anteile zu veräußern. Obwohl die Firma weiter existierte und auch nach dem Krieg wieder zurück in die Erfolgsspur fand, gelang es nicht, an die erfolgreichen Zeiten anzuknüpfen. 1972 wurde die Produktion endgültig eingestellt. Seitdem haben sich im »Resi-Park« verschiedene Diskotheken eingerichtet und sorgen so heute auf ihre Weise für Lärm und Schweiß in den alten Fabrikhallen.

Auch die Firma »Neumeyer« hatte 1918, nur einige Meter weiter im Norden, ihre neue Fertigung zustande gebracht und konnte dank eines innovativen Fließpressverfahrens für Messingprofile über Jahrzehnte erfolgreich arbeiten. Nach dem Zweiten Weltkrieg wurde in den nahezu unbeschädigten Fabrikhallen unter dem Namen »Kabelmetall« der Versuch unternommen, mit Kabeln und Buntmetallprofilen die Firma langfristig zu etablieren. Doch in den 1980er-Jahren stand das Gelände erneut leer.

Erst als der Nürnberger Industrieofenhersteller »Riedhammer« ein größeres Betriebsgelände suchte, wurden die Hallen mit neuem Leben gefüllt. Unter großem finanziellen Aufwand und unter Einhaltung der Denkmalvorschriften entstand 1985 schließlich das neue Fabrikgelände der Firma »Riedhammer«. Bis 2004 wurden in den Werkshallen noch Industrieöfen hergestellt, ehe der Großteil der Nürnberger Fertigung eingestellt wurde.

Noch im selben Jahr entwickelte Peter Riedhammer die Idee vom Ofenwerk als Automobilforum mit musealem Charakter. Die leer stehenden Hallen dienen seitdem als Ausstellungsraum für Oldtimer und Werkstatt für kleine Unternehmen. Auch die fränkische Museumseisenbahn hat auf dem ehemaligen Gelände der Firma »Neumeyer« einen Stellplatz für ihre historischen Züge gefunden.

Das Ofenwerk – noch immer Heimat für heiße Öfen

Das Ofenwerk ist kein Museum im eigentlichen Sinn. Vielmehr handelt es sich um eine lebendige Ausstellung mit ständig wechselnden historischen Fahrzeugen. Zudem beeindruckt die Anlage durch das originale historische Ambiente der ab 1918 erbauten Fabrikgebäude.

Dementsprechend beginnt der Besuch der Ausstellung bereits bei der Anfahrt. Durch die Pforte erreicht man die riesigen Fabrikhallen, die das Bombardement des Zweiten Weltkriegs nahezu unbeschadet überstanden haben. Während in einigen Bereichen noch die Firma »Riedhammer« produziert, belegt das Ofenwerk den größten Teil der Fläche. Der markante Eingangsbereich ist bereits von Weitem gut zu erkennen.

Ofenwerk Nürnberg
Klingenhofstr. 72, 90411 Nürnberg
Tel. 09 11/5 21 82 07, www.ofenwerk.de
Mo–Fr 9.00–19.00, Sa 10.00–18.00, So 11.00–17.00
Eintritt frei

Direkt hinter dem Eingang erstreckt sich die Haupthalle mit einem eigenen Bistro. Hier stehen die Highlights der Fahrzeugsammlung. Von edlen Oldtimern bis hin zu interessanten Youngtimern aller Marken bietet sich dem Besucher gleich zu Beginn ein abwechslungsreiches Bild. Auf der linken Seite befinden sich verschiedene Fachgeschäfte.

Gegenüber zweigen mehrere Hallen ab, die thematisch unterteilt sind. Hier bilden amerikanische Dreamcars, italienische Sportwagen und deutsche Nobelkarossen ein buntes Abbild der internationalen Automobilgeschichte. Tatsächlich stehen im Ofenwerk Fahrzeuge aus den 1980er-Jahren neben den klassischen Oldtimern aus den 1930er-Jahren. Auch verschiedene Zweiräder, darunter die Kultmarken »Harley Davidson« oder »Vespa«, haben in dem großflächigen Areal einen Platz gefunden.

Nürnbergs Nordosten – zwischen Fabrikburgen und Gewerbepark

Der Rundgang beginnt am **Haupteingang des Ofenwerks** mit einem Besuch der Außenanlagen. Das Ofenwerk selbst befindet sich in den historischen Fabrikgebäuden, die sich in acht miteinander verbundene Haupthallen unterteilen. Der Weg führt zunächst nach links zu den hinteren Gebäuden. Hier erhebt sich auch der im Neobarockstil gestaltete **Wasserturm**, der dem gesamten Areal einen burgartigen Eindruck verleiht.

Am Eingang befindet sich noch das **frühere Pförtnerhaus**, das direkt an die ehemalige Direktorenvilla der Familie Neumeyer angeschlossen ist. Auf der rechten Seite liegt das **historische Verwaltungsgebäude der Fabrik** aus dem Jahr 1919. Es handelt sich um die Kopie eines Brandenburger Schlosses, die in zweijähriger Bauzeit entstand. Während das Original dem Zweiten Weltkrieg zum Opfer fiel, ist der Nürnberger Nachbau mit all seinen architektonischen Besonderheiten bis heute erhalten geblieben.

Schräg gegenüber liegt das **Merks Motor Museum** (s. S. 95). Im Gegensatz zum Ofenwerk handelt es sich dabei um ein typisches Automobilmuseum, das in die ehemaligen Fabrikhallen der »Fensterfabrik Johann Schlee« eingezogen ist.

Schon von Weitem ist das ehemalige Fabrikgelände der »Vereinigten Margarinewerke« im Süden zu erkennen. Ebenso wie das Ofenwerk ist auch der sogenannte **»Resi-Park«** eine großflächige, burgenartige Anlage des frühen 20. Jahrhunderts. Hier lohnt sich ebenfalls ein kleiner Rundgang um die verschiedenen Gebäude, die allesamt im neobarocken Stil errichtet wurden und damit im strengen Gegensatz zu den oft unansehnlichen industriellen Zweckbauten des 21. Jahrhunderts stehen.

Die dem Areal gegenüberliegende Martinstraße mündet in die

Die ursprüngliche Heimat der »Vereinigten Margarinewerke«: ein schlossartiger Industriekomplex

Früher industrielles Zentrum, heute Heimat mehrerer Museen: der Nürnberger Nordosten

Bessemerstraße, die rechts direkt zum Nürnberger **Nordostpark** führt. Von den alten Fabrikanlagen, in denen während des Zweiten Weltkrieges Waffen hergestellt wurden, ist heute nichts mehr zu erkennen. Im Gegensatz zum Ofenwerk wurde dieses Areal durch alliierte Luftangriffe fast vollständig zerstört. Stattdessen erstreckt sich hier ein modernes Gewerbegebiet, das mehrere internationale Großkonzerne beherbergt. Besonders auffällig ist der Kontrast der modernen Gebäude zu den unweit gelegenen historischen Fabrikanlagen im Klingenhof.

Über die Schafhofstraße geht es schließlich wieder zurück zum Ofenwerk. Hier befindet sich auch die **Lothar-von-Faber-Schule**, benannt nach einem der wichtigsten Vertreter der berühmten Steiner Bleistifthersteller (s. S. 66ff). Sie wurde 1911 gegründet und entstand im Zuge der Neustrukturierung der Gemeinde Klingenhof, die 1899 in die Stadt Nürnberg eingemeindet worden war. Der benachbarte Stadtteil Ziegelstein folgte 1920. Heute beherbergt das Gebäude die staatliche Fachoberschule.

Am Rande des Weges – »Merks Motor Museum«

Zwischen den beiden großen Fabrikdenkmälern »Ofenwerk« und »Resi-Park« liegt das »Merks Motor Museum«. In den ehemaligen Werkshallen einer Fensterfabrik hat die Familie Merk ein aufwendiges Automobilmuseum eingerichtet.

Neben der Präsentation der historischen Automobile hat die Ausstellung auch Platz für andere Themen. So gehören zusätzlich zu einem 1960er-Jahre-Büro auch eine Modellautosammlung, eine Schreibmaschinenausstellung und eine historische Küche zum Angebot des Museums.

Der automobile Bereich wird darüber hinaus durch verschiedene Themengebiete wie Feuerwehr, Post, Militär oder eine Werkstatt immer wieder aufgelockert. Und auch Motorradfans kommen in einem eigenen Abschnitt der Ausstellung auf ihre Kosten. Das Museum ergänzt dank seiner vielfältigen Fahrzeugauswahl die Sammlungen des Ofenwerkes und des »Museums Industriekultur« (s. S. 98ff.).

Auch das Merks Motor Museum befindet sich in einer historischen Fabrikhalle.

12

Nürnberg – Tafelwerk
Nürnbergs industrielles Gedächtnis

Nürnberg hat eine bewegte Handwerks- und Industriegeschichte. Im historischen Tafelwerk erinnert seit 1988 das »Museum
Industriekultur« an die Arbeits- und Lebenswelten des 19. und
20. Jahrhunderts. Egal ob Bleistiftwerkstatt, Dampfmaschine,
Motorradsammlung oder Arbeiterkneipe, das Museum dokumentiert die vielen verschiedenen Gesichter einer typischen Industriemetropole. Ein Ausflug zur Hammersiedlung Laufamholz ergänzt
das umfassende Bild der Arbeiterstadt.

Tour: Wanderung vom »Museum Industriekultur« durch den
 Pegnitzgrund über die Satzinger Mühle zur Hammersiedlung
 Laufamholz (Rückfahrt mit der S-Bahn).
Länge: 6 km (mit Rückweg 12 km).
Dauer: Ca. 2 Std. Wanderung + 90 Min. Museumsbesuch.
Familie: Die Wanderung verläuft auf gut ausgebauten Wegen
 entlang der Pegnitz. Das »Museum Industriekultur« bietet
 verschiedene Möglichkeiten, selbst »Hand anzulegen«.
Saison: Wegen Überschwemmungsgefahr vornehmlich im Som-
 mer, Herbst und Winter.
Variante: Vom »Ofenwerk« erreicht man über den Nordostbahn-
 hof das »Museum Industriekultur«. Die Route verlängert sich
 dann auf 10 km hin und zurück (s. S. 89).
Anfahrt: *Kfz:* Über den Nürnberger Innenstadtring in Richtung
 Flughafen und auf die Sulzbacher Str. *ÖPNV:* S-Bahn-Linie 8
 bis Haltestelle »Tafelhalle«.
Service: Das Museum ist barrierefrei. Es besitzt einen eigenen
 Shop und einen kleinen Cafébereich.

Das Eisenwerk J. Tafel – Hochtechnologie in Nürnbergs Osten

Nicht jeder der Industriepioniere, die in Nürnberg erfolgreich
waren, kam auch aus dieser Stadt. Julius Tafel war ein gebürtiger
Schwabe, der über den Umweg Schweiz nach Nürnberg gekommen

war. Er hatte bereits umfassende Erfahrung im Bereich der Schwerindustrie gesammelt, als er 1876 in Erlenstegen ein eigenes Eisenwerk gründete und damit der Industriegeschichte der Stadt ein wichtiges Kapitel hinzufügte.

Die Nürnberger Handwerker waren bereits im späten Mittelalter in ganz Europa für ihren Erfindungsreichtum und die hohe Qualität ihrer Produkte bekannt geworden, nicht zuletzt im Bereich der Feinmechanik und der Metallverarbeitung. Während die Stadt selbst durch Kriege und Schuldenlasten immer wieder in Schwierigkeiten geriet und mit dem Anschluss an Bayern in politische Bedeutungslosigkeit fiel, konnten die hoch spezialisierten Gewerbe ihren Status auch nach der Einführung der Gewerbefreiheit aufrechterhalten. Als die industrielle Revolution im frühen 19. Jahrhundert die deutschen Staaten erreichte, etablierten die Nürnberger Handwerker und Kaufleute die Stadt innerhalb kürzester Zeit als Zentrum der metallverarbeitenden Industrie.

Entsprechend groß war die Nachfrage nach Roheisen, das meist als Stabeisen aus den entfernt liegenden Erzhütten angeliefert werden musste. Gleichzeitig mussten aber die bei der Verarbeitung entstehenden Eisenabfälle ebenso weit zurückgeschickt werden. Diese Problematik nutzte Julius Tafel und gründete 1876 ein Schmelzeisenwalzwerk. Dort wurden die Eisenabfälle der Nürnberger Fabriken wieder eingeschmolzen und zu Eisenstäben gewalzt. Innerhalb kürzester Zeit entstand am Stadtrand das größte Schweißeisenwalzwerk Deutschlands. Doch trotz der rasch zunehmenden Einwohnerzahl hatte die Firma Probleme, ausreichend Arbeiter zu finden. Daher mussten 1887 französische »Gastarbeiter« nach Nürnberg geholt werden.

Wie viele Unternehmen profitierte auch Julius Tafel von der explosionsartigen Vergrößerung des Eisenbahnnetzes und produzierte 1899 täglich ungefähr zwei Tonnen Schienennägel. Als er sich 1891 schließlich in den verdienten Ruhestand verabschiedete, übernahm sein Sohn Wilhelm Tafel die Unternehmensführung. Sein Bruder Hermann unterstützte ihn ab 1900, als die Firma in eine Aktiengesellschaft umgewandelt wurde.

Ihre größte Herausforderung bestand schließlich darin, dass das Tafel'sche Schweißeisen gegenüber dem wesentlich billigeren, neuen Flusseisen nicht mehr konkurrenzfähig war. Kurzerhand entschieden sich die beiden Brüder dazu, ab 1909 in einem neu errichteten Schraubenwerk das hergestellte Eisen selbst zu verarbeiten.

Dieser Schritt verlief zwar erfolgreich, doch der Erste Weltkrieg brachte das Unternehmen in schwere Bedrängnis, sodass es im Jahr 1919 durch die Gutehoffnungshütte übernommen wurde. Auch unter neuer Leitung wurden im Tafelwerk weiter Schrauben in großen Mengen produziert, ehe die Bombenangriffe des Zweiten Weltkriegs die Anlage größtenteils zerstörten.

Erneut konnte sich die Fabrik erholen und erreichte während des Wirtschaftswunders sogar ihre erfolgreichste Zeit mit über 1 000 Mitarbeitern. Doch das Tafelwerk musste schließlich das Schicksal vieler Traditionsunternehmen im Industriebereich teilen. Zu Beginn der 1970er-Jahre traf die Stahlkrise auch Nürnberg mit voller Wucht. Die Stadt vollzog deshalb in der Folgezeit einen Strukturwandel vom Industrie- zum Dienstleistungs- und Logistikstandort. Eines der ersten Opfer dieser tiefgreifenden Veränderungen war das Tafelwerk und so schlossen sich 1974 endgültig die Pforten einer der größten Nürnberger Fabriken.

Das »Museum Industriekultur« – eine Reise durch Nürnbergs Industriegeschichte

Das »Museum Industriekultur« behandelt in seiner Ausstellung 200 Jahre Nürnberger Stadtgeschichte, die gleichzeitig auch 200 Jahre Industriekultur bedeuten. Die industrielle Revolution,

Die gewaltige »MAN«-Dampfmaschine: das mit Abstand größte Exponat im Museum

deren Errungenschaften und vor allem die Lebenswelt der Arbeiter sind die zentralen Elemente der Ausstellung. Die Sammlung verdeutlicht, wie sich unser Alltagsleben von der Erfindung der Dampfmaschine bis zum heutigen Internetzeitalter verändert hat und welche Rolle die Industrie und ihre Produkte dabei spielen.

> **Museum Industriekultur**
> Äußere Sulzbacher Str. 62, 90491 Nürnberg
> Tel. 09 11/2 31 38 75, www.museen.nuernberg.de
> Di–Fr 9.00–17.00, Sa u. So 10.00–18.00
> Erwachsene 5 €, ermäßigt 3 €

Das Museum zeigt neben Beispielen von industriellen Betrieben des 19. Jahrhunderts und den dazu passenden Wohnungen, Läden sowie der damals obligatorischen Eckkneipe auch die modernen Errungenschaften der Technik. Angefangen bei Haushaltsgeräten der 1960er-Jahre bis hin zur modernen Stromgewinnung und den ersten Computern wird dem Besucher alles rund um das Thema »200 Jahre Industriekultur im Alltag« vorgeführt. In den historischen Hallen des ehemaligen Tafelwerks befinden sich außerdem das Motorrad- und das Schulmuseum. Beide Museen sind thematisch ideal in die Ausstellung des »Museums Industriekultur« eingebunden.

Das »Museum Industriekultur« ist chronologisch aufgebaut und beginnt bereits auf der Empore mit der Entwicklung der Eisenbahn, die für Nürnberg eine große Rolle spielte. In der Haupthalle trifft man zunächst auf typische Exponate der vorindustriellen Zeit, eine Bleistiftwerkstatt und eine Gipsmühle. Im Folgenden ist das Museum in zwei Themen unterteilt. Auf der linken Seite wird die technische Entwicklung dargestellt, während rechts verschiedene Bereiche des privaten und sozialen Lebens präsentiert werden. So stehen sich beispielsweise die riesige MAN-Dampfmaschine und das kleine Ecklokal gegenüber. Dazwischen verläuft die Straße als sinnbildliche Zeitachse des Museums. Diese Achse repräsentiert das öffentliche Leben, mit Festen und Vereinen, und steht somit auch thematisch zwischen Arbeit und Privatleben.

Hier findet man außerdem ein historisches Klassenzimmer, den Dentisten, einen Tante-Emma-Laden und eine Ausstellung über das Traditionskaufhaus »Schocken«. Zudem werden die Themen

Volksfest und Haushalt aufgegriffen. Auch der Sport hat in der
Haupthalle seinen Platz gefunden. Neben dem Vereinslokal wird
die Geschichte des 1. FC Nürnberg und anderer Sportvereine präsentiert und am Ende der linken Seite befindet sich eine Ausstellung zum Motorsport. Am Kopfende geht es dann um moderne
Technik, Strom und – eine Etage höher – um die Entwicklung des
Computers.

Ein wesentlicher Bestandteil ist natürlich auch das Motorradmuseum, das sich im Obergeschoss befindet und die Entwicklung
vom ersten Fahrrad bis zu den modernen Motorrädern dokumentiert. Schließlich war Nürnberg im frühen 20. Jahrhundert in
diesem Bereich führend. Um 1920 gab es etwa 40 verschiedene
Motorradhersteller innerhalb der Stadtgrenzen, darunter große
Namen wie Zündapp, Victoria, Triumph oder Hercules. Noch bis
in die Mitte der 1950er-Jahre, ehe das Automobil für jedermann er-
schwinglich wurde, feierten die Unternehmen große Erfolge. Doch
mit der Einführung der Kleinwagen wie dem Käfer oder der Isetta
brachen die Umsätze ein.

Das Motorradmuseum erinnert mit rund 130 sehenswerten
Originalfahrzeugen aus Nürnberg an die vielfältige Motorradin-
dustrie, die Nürnberg über Jahrzehnte zur Zweiradhochburg in
Deutschland werden ließ.

Das Motorradmuseum thematisiert die einstige Bedeutung der hiesigen Zweiradindustrie.

In den Pegnitzauen – die Nürnberger Lebensader

Direkt südlich des **Tafelwerks** fließt die Pegnitz. Über die »Äußere Sulzbacher Straße« erreicht man stadteinwärts den Stadtring und schließlich den **Wöhrder See** (s. S. 103). Der Stausee wurde 1981 fertiggestellt und dient als Hochwasserschutz für die Nürnberger Altstadt sowie als Naherholungsgebiet. Er wird von der Pegnitz gespeist, die sich hier ursprünglich auf zwei Flussarme aufteilte.

Am südlichen Ufer führt der Weg durch das Landschaftsschutzgebiet stadtauswärts bis zur **Satzinger Mühle**. Das heutige Restaurant ist die älteste erhaltene Mühle Nürnbergs. Sie wurde 1591 erstmals als Getreidemühle erwähnt und diente in späteren Zeiten auch als Papier- und Kunstmühle (wobei sich »Kunst« auf eine Mühle mit hohem technischen Standard bezieht). Im 17. Jahrhundert war das Anwesen zwischenzeitlich der größte Gewerbebetrieb in Mögeldorf. Trotz der schweren Zerstörungen im Zweiten Weltkrieg wurde die Mühle wieder aufgebaut und bis 1972 als Kunstmühle weiterbetrieben. Seit mehreren Jahrzehnten ist die Mühle ein bekanntes Gasthaus; die historischen Gebäude und das Wasserrad sind jedoch erhalten geblieben.

Etwas weiter aus der Stadt hinaus eröffnet sich die Pegnitz zu einem wunderbaren **Naturschutzgebiet**, in dem der Fluss noch in seinem natürlichen Bett fließen kann und wo mittlerweile sogar eine ansehnliche Schafherde beheimatet ist. Der gesamte Bereich nördlich der Pegnitz ist übrigens Teil des Nürnberger **Wasserwerkes**, das seit dem 19. Jahrhundert für die Wasserversorgung der Stadt zuständig ist. Wenn man weiter stadtauswärts laufen möchte, muss man zunächst den Holzsteg über die Pegnitz nehmen, um dann über den Wiesengrund wieder zurück auf die rechte Uferseite zu gelangen.

Nach einigen Hundert Metern erhebt sich das **Wasserschloss Oberbürg** am Flussufer. Es stammt aus dem 14. Jahrhundert und war einst der Herrensitz von Hans Groland. In den beiden Markgrafenkriegen im 15. und 16. Jahrhundert wurde das Wasserschloss zweimal zerstört und wieder aufgebaut. Im 17. Jahrhundert ließ die Gräfin Polheim es zu einem Barockschloss ausbauen. Die einstmals eindrucksvolle Anlage wurde aber im Zweiten Weltkrieg durch Bombentreffer schwer zerstört und seitdem nur grundsätzlich gesichert. Ein Rundgang durch die Ruinen ist dennoch empfehlenswert.

Zentraler Platz der ehemaligen Hammersiedlung Laufamholz

Von hier aus ist es schließlich nicht mehr weit bis zum Hammergut **Laufamholz**. Bereits im Jahr 1372 befand sich an dieser Stelle
eine Mühle mit zugehörigem Messinghammer. Doch im Zweiten
Markgrafenkrieg 1552 wurde das Handwerksgut vollständig zerstört. Die Familie Kanler nahm sich daraufhin des Gutes an und
baute dort eine Drahtzieherei auf. Im Jahr 1681 standen in der Tal-
senke bereits ein Herrenhaus, mehrere Arbeiterwohnungen, eine
Schule, eine Mahlmühle, eine Schmelzkammer und ein Ofenhaus.
In der Folgezeit wuchs die Anlage kontinuierlich und wechsel-
te mehrmals den Besitzer. Als Franken 1806 Teil des Königreichs
Bayern wurde, war das »Messing- und Lahngoldwerk« die größte
vorindustrielle Produktionsstätte im Nürnberger Land.

Die industrielle Revolution brachte noch einmal einen deutlichen Schub für das Hammergut. Die Hämmer wurden 1894 durch
Walzwerke ersetzt und die Fabrik durchlebte die Hochzeit ihrer
Geschichte. Bis zum Ausbruch des Zweiten Weltkrieges wurde das
Hammerwerk immer wieder modernisiert und ausgebaut. Erst die
schweren Bombenangriffe der Kriegsjahre zerstörten die Gebäude
und Produktionsanlagen. Ein Wiederaufbau nach 1945 wurde ab-
gelehnt und 1958 die Produktion endgültig eingestellt.

Von **Mögeldorf** aus bietet sich nun die Möglichkeit, über die
nahe gelegene S-Bahnstation mit der S1 bis Nürnberg-Ostring
in die Nähe des »Museums Industriekultur« zurückzufahren. Für
Wanderfreunde empfiehlt sich ein Rückweg auf derselben Route.

Am Rande des Weges – der Wöhrder See

Obwohl die Pegnitz ein vergleichsweise kleiner Fluss ist, sorgten immer wieder Hochwasser für eine überschwemmte Nürnberger Altstadt. Aus diesem Grund entschied sich der Nürnberger Stadtrat 1959 dazu, Maßnahmen gegen die Hochwassergefahr durchzuführen. Hierzu gehörte auch die Anlage eines Stausees im Stadtteil Wöhrd, mit dessen Hilfe die Wasserhöhe der Pegnitz gesteuert werden konnte.

Auf Höhe der Dürrenhofstraße wurde eine Talsperre mit eigenem Kraftwerk errichtet und die Pegnitz gestaut. Der Wöhrder See überdeckt nicht nur die beiden Pegnitzarme, die an dieser Stelle verliefen, sondern auch die Bombentrichter, die der Zweite Weltkrieg in diesem Bereich hinterlassen hatte. 1981 konnte das Projekt abgeschlossen werden. Dank der benachbarten Wöhrder Wiese, die bei Hochwasser notfalls überflutet wird, konnte die Überschwemmungsgefahr endgültig aus der historischen Altstadt verbannt werden.

Natur und Moderne:
Der Wöhrder See mit dem Nürnberger Versicherungsturm im Hintergrund

13 Röthenbach – Wehrtechnik
Die andere Seite der Industrialisierung

Die Firma »Diehl« ist heute der größte Arbeitgeber in Röthenbach an der Pegnitz. Obwohl das Unternehmen vielfältig aufgestellt ist, ist es nach wie vor eng mit Wehrtechnik verbunden. Auch für Nürnberg war die Waffen- und Militärtechnik bis zum Ende des Zweiten Weltkrieges ein bedeutender Wirtschaftszweig. Das Wehrtechnikmuseum Röthenbach hat sich der schwierigen Aufgabe gestellt, die Entwicklung dieses Bereiches zu dokumentieren.

Dauer: Ca. 60 Min. Museum.
Saison: Ganzjährig.
Variante: Vom Wehrtechnikmuseum bietet sich die Möglichkeit, zum »Stadtmuseum Conradtyhaus« (s. S. 113ff.) zu laufen.
Anfahrt: *Kfz:* Über die A 3 bis Ausfahrt Schwaig, dann auf der Hauptstr. bis zum Rathaus. *ÖPNV:* Mit der S-Bahn-Linie 1 bis Bahnhof Röthenbach.
Service: Das Museum ist nur bedingt barrierefrei, da es zwar ebenerdig, aber sehr beengt ist.

Wehrtechnik – untrennbarer Bestandteil der mittelfränkischen Industriegeschichte

Mit dem Aufstieg Nürnbergs zum bedeutenden Handelszentrum und schließlich zur Industriemetropole ist auch die zunehmende Bedeutung der Region als Rüstungsschmiede verbunden. Bereits im 15. Jahrhundert hatten sich viele der heimischen Handwerker auf die Entwicklung und Produktion von militärischem Gerät spezialisiert. Die Nürnberger Rüstungsschmiede und Kanonengießer genossen ebenso weltweites Ansehen wie später die Büchsenmacher und Feuerschlosser. Dementsprechend entwickelte sich in den folgenden Jahrhunderten die Militärtechnik zu einem wichtigen Nürnberger Wirtschaftsfaktor, auch wenn dieser Umstand meist nur beiläufig erwähnt wird.

Als die industrielle Revolution im 19. Jahrhundert die deutschen Staaten erfasste, herrschte Frieden. Napoleon war 1815 bei Waterloo

vernichtend geschlagen worden und im Königreich Bayern konnte mit Eisenbahnschienen und Dampfmaschinen mehr Geld ver-
dient werden als mit Kanonen und Gewehren. Doch auch zu dieser
Zeit gab es Nürnberger Unternehmen, die mit der Produktion von
Kriegsgerät ihren Unterhalt bestritten. Beispielsweise stammte
das Infanteriegewehr »M/69«, welches 1869 im bayerischen Heer
eingeführt wurde, von Johann Ludwig Werder, dem technischen
Direktor der Maschinenbaugesellschaft Klett. Gefertigt wurde es
allerdings in Suhl und Amberg.

Bis heute ist die regionale Militärtechnik untrennbar mit dem
Namen »Diehl« verbunden, obwohl der Konzern mittlerweile
ganz andere Schwerpunkte gesetzt hat und sich heute verstärkt in
der Luftfahrt engagiert. Auch der aus Wetzlar zugezogene Heinrich Diehl hatte zunächst keinerlei Verbindungen zum militärischen Sektor, als er 1902 gemeinsam mit seiner Frau in Nürnberg
eine Kunstgießerei eröffnete. Erst mit dem Ausbruch des Ersten
Weltkrieges wurde die gesamte Wirtschaft auf die Produktion von
kriegswichtigem Gerät umgestellt. Doch die Militärtechnik hatte
sich im Zuge der industriellen Revolution grundlegend verändert.
Mit Flugzeugen, Maschinengewehren und später auch Panzern
tauchten völlig neue Kriegsmaschinen auf den Schlachtfeldern auf,

Historische Geschosse sind im Museum ebenso zu sehen wie moderne Wehrtechnik.

Fällt direkt ins Auge: der M-47-Panzer vor dem Museumsgebäude

deren Entwicklung und Produktion für die Industrie eine neue Dimension darstellte. Um die Anforderungen des Militärs bewältigen zu können, rüsteten nahezu alle metallverarbeitenden Betriebe in dieser Zeit ihre Produktion auf kriegswichtige Materialien um – so auch in Nürnberg.

Mit dem Ende des Ersten Weltkrieges 1918 und dem Versailler Vertrag hatte sich das Thema aber zunächst wieder erledigt, da das deutsche Heer auf ein Minimum reduziert und schwere Waffen verboten worden waren. Also konzentrierten sich die meisten Unternehmen wieder auf zivile Produkte. Auch Heinrich Diehl besann sich auf seine Ursprünge als Feinmechaniker. Die Produktion von Halbwerkzeugen führte zwischen 1934 und 1938 schließlich zu einer deutlichen Vergrößerung des Unternehmens und zum Bau des Werks in Röthenbach an der Pegnitz. Erst die zunehmende Aufrüstung in den 1930er-Jahren, als die Nationalsozialisten den Krieg vorbereiteten, sorgte wieder für lukrative Aufträge aus dem militärischen Bereich. Die vielen metallverarbeitenden Betriebe der Region profitierten zunächst deutlich von dieser Entwicklung und expandierten beträchtlich. Doch mit den Flächenbombardements der Alliierten und der großflächigen Zerstörung Nürnbergs folgte das schreckliche Ende nur wenige Jahre später. Eine der unangenehmen Wahrheiten ist, dass der Krieg stets die technische

Entwicklung vorantreibt. Dies belegen besonders die Fortschritte im Luft- und Raumfahrtbereich während des Zweiten Weltkrieges.

Die Bedrohung des Kalten Krieges sollte schließlich erneut dafür sorgen, dass Militärtechnik und deren Weiterentwicklung wieder ein lukrativer Wirtschaftszweig wurden. Durch die Einbindung der Bundesrepublik in die NATO hatte sich zudem mit einem Schlag der Kundenkreis für die deutsche Wehrtechnik deutlich vergrößert. Bis zur Wiedervereinigung 1990 profitierten viele Firmen in und um Nürnberg von der Wehrtechnik, ehe das Ende des Kalten Krieges deutliche Kürzungen des Verteidigungsetats nach sich zog. Auch wenn der ehemals bedeutendste mittelfränkische Wehrtechnikkonzern »Diehl« heute seine Konzentration auf andere Wirtschaftszweige legt, gilt Deutschland nach wie vor als einer der größten Waffenexporteure der Welt.

Das Wehrtechnikmuseum – die andere Seite der Industriegeschichte

Obwohl die Wehrtechnik ein überaus bedeutender Bestandteil der regionalen Industriegeschichte ist, wurde das Thema jahrelang tabuisiert. An eine museale Aufarbeitung war nicht zu denken. Um dies zu ändern, entstand 1984 in Röthenbach an der Pegnitz das »Museum für historische Wehrtechnik«, das von einem privaten Verein getragen wird. Die Firma »Diehl« hatte dazu ein von 1940 bis 1972 genutztes Wohnheimgelände neben dem 1938 dort errichteten Zweigwerk »Diehl-Metall« zur Verfügung gestellt.

Museum für historische Wehrtechnik Röthenbach
Heinrich-Diehl-Str. 9, 90552 Röthenbach an der Pegnitz
Tel. 0 91 58/92 88 51, www.wehrtechnikmuseum.de
1. Sa im Monat 14.00–17.00
Erwachsene 4 €, Kinder bis 13 Jahre frei

Das Museum legt seinen Fokus auf die technischen Entwicklungen im wehrtechnischen Sektor, die mittlerweile selbst zu einem Teil der Industriegeschichte geworden sind. Ein Rundgang durch die zentrale Ausstellung in Bau 2 zeigt schnell, dass das Themengebiet aus weitaus mehr besteht als aus Gewehren und Granaten.

So widmen sich die ersten Räume dem Thema Kommunikation.

Wurden vor dem Ersten Weltkrieg noch Telegrafen, Meldereiter und Brieftauben zur Übermittlung von Nachrichten genutzt, entwickelten sich nicht zuletzt aufgrund der Erfindung der tragbaren Trockenbatterie um 1900 in den folgenden Jahren moderne Fernmeldeanlagen, die bereits ab 1915 in Form von tragbaren Feldklappenschränken vereinzelt an der Front eingesetzt wurden. Diese veranschaulichen dieses komplexe Thema in der Ausstellung ebenso wie eine Telefonvermittlung für Heeresgruppen aus dem Jahr 1936 oder die legendäre Verschlüsselungsmaschine »Enigna«.

Natürlich gehört zur Wehrtechnik auch die Entwicklung von Maschinengewehren, Flakgeschützen oder Panzerfäusten, die in der Ausstellung ebenfalls vorgestellt werden. Außerdem wird die Ausrüstung des Soldaten im Wandel der Zeit – angefangen vom Helm bis zum Verbandszeug – ausführlich dokumentiert. Hierbei finden sich einige Kuriositäten wie englische Stelzenschuhe für Minenfelder. Das Wehrtechnikmuseum versteht es dank seiner umfassenden Sammlung, den Besuchern das nicht unproblematische Thema sowohl auf kritische als auch auf informative Weise näherzubringen.

Ein Abschnitt der Ausstellungfläche ist der Firma »Diehl« gewidmet, vor allem dem großen Anteil, den sie ab 1950 an der Entwicklung und Fertigung der mechanisch-elektrischen

Flakscheinwerfer aus dem Zweiten Weltkrieg

Rechenvollautomaten sowie an deren Weiterentwicklung bis zur Einstellung der Fertigung im Jahr 1978 hatte. Der militärtechnische Aspekt wird aber ebenso präsentiert wie die Tradition der »Diehl«-Uhren.

Die aus Platzgründen nicht in der Ausstellung untergebrachten Objekte sind auf dem Freigelände zu finden. Neben Seeminen, einem pressluftgetriebenen deutschen U-Boot-Torpedo »G7a« aus dem Zweiten Weltkrieg und einer englischen Zwei-Tonnen-Bombe sind vor allem die Feldgeschütze der letzten 100 Jahre erwähnenswert. Besonders die amerikanische 155-Millimeter-Feldkanone »Long Tom« von 1944 überragt mit einer Rohrlänge von sieben Metern alle anderen Exponate deutlich. Direkt gegenüber steht ein amerikanischer Kampfpanzer vom Typ »M 47«.

Die Flugabwehr bildet einen weiteren wichtigen Schwerpunkt in der Ausstellung. Deren Entwicklung gewann seit den ersten Bombenangriffen (auch auf zivile Ziele) schon im Ersten Weltkrieg zunehmend an Bedeutung. Neben einem den Nürnberger Originalen nachempfundenen Flakstand für die museumseigene 8,8-Zentimeter-Flak im Freigelände ist eine eigene Halle vor allem dieser Technik gewidmet. Hier befinden sich verschiedene leichte und mittlere Flakgeschütze (bis zum Flakvierling von 1940) und ein großer Flakscheinwerfer. Weitere Geräte für die Luftabwehr – Entfernungsmesser bis vier Meter Basislänge, Drucktheodolit, Registrierkameras, Lichtpunktzeiger, Getriebeteile aus Kommandogeräten etc. – sind in der bisherigen Dauerausstellung zu sehen.

In einem separaten Gebäude befindet sich die deutschlandweit größte öffentliche Munitionssammlung. Ausführlich wird dort die historische Entwicklung der Geschosse dokumentiert, außerdem werden Informationen zu Fertigung, Prüfung, Lagerung und Vernichtung präsentiert.

Seit einiger Zeit arbeiten die Museumsbetreiber an einem Umbau der Dauerausstellung unter Einbeziehung von zwei Hallen – ein Umbau zu einem Museum mit Stationen, an denen Einzelbegriffe aus Technik, Physik, Chemie, Medizin und anderen Wissenschaften auf ihren wehrtechnischen Bezug hin untersucht und erläutert werden sollen. Die Exponate des Wehrtechnikmuseums sollten nicht darüber hinwegtäuschen, dass es sich um Kriegsgerät handelt. Dementsprechend zurückhaltend geht der Betreiberverein das Thema an. Bei aller Begeisterung für die Technik selbst stehen die Mitarbeiter auch kritischen Nachfragen immer offen gegenüber.

Am Rande des Weges – die *Brauerei Bub*

Die *Brauerei Bub* befindet sich in der kleinen Gemeinde Leinburg, etwa sieben Kilometer südöstlich von Röthenbach an der Pegnitz.

Wie viele Gewerbe im direkten Umland wurde auch die Brauerei im Jahr 1617 ursprünglich von Nürnberger Ratsherren gegründet. Im Jahr 1830 wurde Johann Bub der neue Eigentümer und begründete damit ein Familienunternehmen, das bis heute – mittlerweile in fünfter Generation – besteht. Als älteste Privatbrauerei des Nürnberger Landes gewinnt *Bub* nach wie vor sein Brauwasser aus dem benachbarten Moritzberg. Im Gegensatz zu anderen alteingesessenen Bierproduzenten der Region hat das Unternehmen bis heute seine Unabhängigkeit bewahrt.

Die Bedeutung der Firma für die kleine Gemeinde zeigt sich bereits an der Größe der Werksgebäude, die sich entlang der Hauptstraße aufreihen. Im gesamten Ort finden sich Hinweise und Schilder auf das Traditionsunternehmen.

Vom verschlafenen Dorf zum Industriestandort

Über Jahrhunderte lebten die Menschen in Röthenbach in einem kleinen, beschaulichen Ort am Ufer der Pegnitz. Doch die industrielle Revolution stellte den Alltag der Landbevölkerung völlig auf den Kopf. Mit der Ansiedlung des Bleistiftherstellers »Conradty« entstand eine riesige Fabrikanlage mit zwei großen Arbeitersiedlungen. Dank großzügigen Investitionen des Unternehmens wurde aus dem verträumten Dorf ein moderner Industriestandort, dessen ideale Infrastruktur die Grundlage für die Ansiedlung weiterer bedeutender Unternehmen bildete.

Tour: Rundgang durch Röthenbach von der Conradtysiedlung über das Rathaus und die evangelische Pfarrkirche.
Länge: 3 km.
Dauer: 60 Min. Wanderung + 30 Min. Museum.
Familie: Die Wanderung verläuft auf asphaltierten Straßen mit wenig Höhenunterschied. Für Kinder bietet das »Conradtyhaus« eine eigene Beschilderung und Audiostationen.
Saison: Ganzjährig.
Variante: Vom Stadtmuseum aus besteht die Möglichkeit, über den Bahnhof zum »Wehrtechnischen Museum« (s. S. 107ff.) zu wandern.
Anfahrt: *Kfz:* Über die A 3 bis Ausfahrt Schwaig, dann auf der Hauptstr. bis zum Rathaus. *ÖPNV:* Mit der S-Bahn-Linie 1 bis Haltestelle »Röthenbach«.
Service: Das Museum ist nicht barrierefrei.

Die Firma »Conradty« – eine prägende Ära

Bereits im Jahr 1855 gründete Conrad Conradty in Nürnberg eine Bleistiftfabrik und unternahm den erfolgreichen Versuch, sich gegen die etablierten Konkurrenzunternehmen »Faber«, »Lyra« und »Staedtler« durchzusetzen. 1871 gelang es ihm dann sogar, die

Kleine Idylle mitten in der Stadt: Die Conradtysiedlung bot
den Arbeitern ein eigenes Heim und bescheidenen Wohlstand.

Firma »G.F. Faber«, einen Ableger des Steiner Bleistiftkonzerns
aus Crailsheim, zu übernehmen.

Sein Weg nach Röthenbach führte ihn über die in Konkurs ge-
gangene Papierfabrik »Röthenbach-Grünthal«. Das leer stehende
Fabrikgelände gefiel Conrad Conradty, der Mitte des 19. Jahrhunderts nach einem geeigneten Standort für ein neues Bleistiftwerk
suchte. Das Areal lag direkt an der Bahnstrecke, besaß eine funk-
tionierende Wasserkraftanlage für die Maschinen und musste nur
geringfügig umgebaut werden. Also kaufte er 1877 die Firma auf
und gründete 1880 in Röthenbach an der Pegnitz, nun wieder unter
dem Namen »C. Conradty«, eine zweite Bleistiftfabrik.

Schnell wuchs das Unternehmen auf 280 Mitarbeiter an und begann 1884 damit, Kohlestifte für Lichtbogenlampen herzustellen.
Gleichzeitig ging die Bleistiftproduktion immer weiter zurück und
wurde 1889 endgültig eingestellt. Die Firma florierte und wuchs
beständig. Als Conrad Conradty 1901 verstarb, hatte das Unternehmen bereits über 700 Mitarbeiter, während in Röthenbach gerade einmal etwas mehr als 2 000 Einwohner lebten.

Bereits 1892 hatte die Firma »Conradty« damit begonnen, erste Siedlungshäuser zu errichten, die später Teil der Werkssied-
lung werden sollten. Ähnlich wie »Faber-Castell« in Stein sorgte

die Familie Conradty auch für den Bau von Schulen, Kindergärten und den eines Werkskrankenhauses. Darüber hinaus unterstützte sie finanziell den Bau der beiden Kirchen und des Rathauses. Die markantesten Bauprojekte waren jedoch die beiden Conradtysiedlungen, wo zwischen 1892 und 1914 ganze 180 Häuser mit 700 Wohneinheiten errichtet wurden. Dabei entstanden acht verschiedene Häusertypen mit unterschiedlich großen Wohnungen.

Bis Kriegsausbruch war die Mitarbeiterzahl bereits auf 1700 Beschäftigte angestiegen. Die Probleme während und nach dem Krieg ließen diese Zahl jedoch wieder deutlich sinken. Allerdings hatte »Conradty« bereits 1917 mit dem Bau eines Werkes in Kolbermoor bei Rosenheim begonnen und auf die Produktion von Elektrografit umgestellt. Dank dieser Neuausrichtung konnte das Unternehmen in den 1920er-Jahren wieder in die Erfolgsspur zurückfinden. Mit Ausbruch des Zweiten Weltkrieges wurden die Röthenbacher Firmen »Conradty« und »Diehl« als kriegswichtige Unternehmen eingestuft. Um die Produktion weiter steigern zu können, wurde das Röthenbacher Conradtywerk 1942 noch einmal erweitert.

Die Nachkriegszeit war zunächst von schweren Zerstörungen gekennzeichnet, doch unter der Leitung der verwitweten Ella Conradty erlebte das Unternehmen ab 1947 eine letzte Blütezeit. Die Mitarbeiterzahl stieg noch einmal auf fast 1700, ehe ab den 1980er-Jahren der langsame Niedergang begann. Die letzten 240 Mitarbeiter wurden 2004 von einem indischen Investor unter dem Namen »Graphite Cova« übernommen, der bis heute den Standort in Röthenbach, in direkter Nähe des »Diehl«-Firmengeländes, betreibt.

Das »Stadtmuseum Conradtyhaus« – wohnen wie zu Großvaters Zeiten

Inmitten der Conradtysiedlung wurde ein Haus von den normalen Renovierungsmaßnahmen ausgenommen und zu einem Museum umgebaut. Seit einigen Jahren zeigt das »Conradtyhaus«, wie die Arbeiter im frühen 20. Jahrhundert in der Siedlung gelebt haben.

Obwohl das Gebäude nicht gerade riesig erscheint, bot es nach seiner Fertigstellung Platz für vier Familien, je zwei im Erd- und zwei im Obergeschoss. (Dieser Grundriss gilt übrigens auch für die anderen Häuser der Siedlung.) Um die ehemaligen Wohnverhältnisse zu verdeutlichen, wurde im linken Bereich des Erdgeschosses eine typische Arbeiterwohnung dargestellt. Spezielle Audiosäulen berichten über die damaligen Funktionen der einzelnen Räume. Der restliche Bereich des Stockwerks dokumentiert die Geschichte der Firma »Conradty« und des Siedlungsbaus.

Stadtmuseum Conradtyhaus
Mühlgasse 1, 90552 Röthenbach an der Pegnitz
Tel. 09 11/ 9 57 51 21, www.stadtmuseum-conradtyhaus.de
So 10.00–16.00
Erwachsene 3 €, ermäßigt 2 €

Im Obergeschoss steht die Thematisierung der Stadtgeschichte im Vordergrund. Mit interessanten Videoclips und historischen Bildern zeigt das Museum die Entwicklung Röthenbachs vom Dorf zur Stadt. Ein kleines Forum für Sonderausstellungen und ein Leseraum sind hier ebenfalls vorhanden.

Auch wenn die Wohnungen aus heutiger Sicht sehr beengt wirken, waren die Siedlungshäuser für die Conradtyarbeiter ein Stück Luxus im Vergleich zu den normalen Arbeiterwohnungen, zumal jeder Wohnpartei auch ein Teil des Gartens zur Verfügung stand, in dem Gemüse und Obst zur Selbstversorgung angebaut werden konnten.

Auf Zeitreise durch Röthenbach

Ausgehend vom »**Stadtmuseum Conradtyhaus**« führt der Rundgang zunächst durch die »untere« **Conradtysiedlung I**, zu der auch das Museum gehört. Dieser erste Teil des Siedlungsprojektes entstand im späten 19. Jahrhundert. Alle Gebäude auf dieser Seite der Siedlung wurden im gleichen Baustil errichtet und boten jeweils vier Familien Platz.

Nach einem Rundgang durch diesen Teil der Wohnanlage geht es Richtung Osten am Bahndamm entlang über die Straßenbrücke. Von hier aus hat man einen guten Blick auf den Röthenbach sowie auf ein kleines Stauwehr. Es gehört zum **alten Sägewerk**, das links unten an der Straße liegt und von der Brücke aus gut zu erkennen ist.

Auf der gegenüberliegenden Seite der unten verlaufenden Straße befindet sich der erste Teil der »oberen« Conradtysiedlung. Die sogenannten **Beamtenwohnhäuser** entstanden um 1902 als zweiter Teil des Siedlungsprojektes, dessen weitere Gebäude sich dahinter erstrecken.

Über die Brücke erreicht man schließlich die **Conradtysiedlung II**. Sie entstand bis 1914 und ist deutlich größer als der erste Bauabschnitt. Die meisten Gebäude haben noch ihre historische Fassade beibehalten, die sich nur wenig von den ersten Häusern unterscheidet. Entlang der Kronenstraße lässt sich die Siedlung schnell durchqueren und erlaubt eine Vorstellung davon, wie die Lebenswelt der Arbeiter vor etwa 100 Jahren ausgesehen hat.

Der Rückweg erfolgt über die Konrad-Zimmermann-Straße, an die auch der **Luitpoldplatz** anschließt. Solche Anlagen gehörten zum Konzept der damals modernen Gartenstädte, wie es auch in Nürnberg umgesetzt wurde (s. S. 75ff.). Sie sollten die Monotonie der Straßenzüge aufbrechen und als kleine Erholungsinseln dienen. Am Ende der Straße erhebt sich schließlich das größte Gebäude der Siedlung. Es wurde als **Betriebskrankenhaus** errichtet, um eine schnelle Versorgung der Arbeiter zu ermöglichen und deren Krankenstand möglichst niedrig zu halten.

Das »Conradtyhaus« zeigt die damaligen Lebensverhältnisse der Arbeiter in der Siedlung.

Blick auf die Beamtenwohnhäuser an der Hauptstraße

Über die Hauptstraße erreicht man das **Rathaus** der Stadt. Es wurde 1902 ebenso dank der finanziellen Unterstützung der Firma »Conradty« errichtet. Das durchaus eindrucksvolle Gebäude im Stil der Neurenaissance wirkt deutlich zu groß für die damalige Gemeinde –, vor allem wenn man bedenkt, dass Röthenbach zum Zeitpunkt der Fertigstellung noch keine Stadt war und über gerade einmal 5 000 Einwohner verfügte.

Auch die direkt dahinter liegende neugotische **evangelische Pfarrkirche** konnte zwischen 1910 und 1914 dank der Zuwendungen der Familie Conradty errichtet werden. Gemeinsam mit dem groß angelegten Siedlungsprojekt prägten die beiden Neubauten eindrucksvoll das Stadtbild, sodass sich die Familie Conradty in Röthenbach ein bleibendes Denkmal errichtete.

Am Rande des Weges –
das »Heimatmuseum Rückersdorf«

In der Schloßgasse der Gemeinde Rückersdorf befindet sich das Heimatmuseum. Es wurde im ehemaligen Tucherschloss in einer großen Scheune mit Nebengebäude untergebracht und bietet neben anderen Themen auch interessante Aspekte der ländlichen Handwerks- und Industriegeschichte.

In der Schlossscheune gibt es eine Schreinerwerkstatt, die besonders mit einer Sammlung von über 100 Hobeln beeindruckt. Die Schusterwerkstatt spannt den Bogen zur Industrialisierung, denn neben traditionellen Werkzeugen sind dort auch Maschinen aufgebaut. Außerdem ist die historische Schmiede, die aus drei verschiedenen Werkstätten zusammengestellt wurde, überaus sehenswert.

Zudem bietet die Dokumentation der Milchwirtschaft eine neue Facette der Arbeitswelt im 19. Jahrhundert. Denn die Landwirtschaft wurde durch die Industrialisierung ebenfalls grundlegend verändert. Neben den traditionellen Dreh- und Stampfbutterfässern steht deshalb auch ein elektrisches Butterfass.

15 Lauf an der Pegnitz
Die Pegnitzmühlen als Grundstein der Industrialisierung

Die Mühlen entlang der Pegnitz waren über Jahrhunderte ein wichtiger Bestandteil der Laufer Wirtschaft. Obwohl das Bild der industriellen Revolution von Dampfmaschinen und elektrischem Strom geprägt ist, spielte die Wasserkraft lange eine wichtige Rolle. In Lauf nutzten einige kleine und mittelständische Betriebe ihre Wasserräder noch bis in die Mitte des 20. Jahrhunderts – oder gar darüber hinaus. Dank des eindrucksvollen historischen Gebäudeensembles kann das »Industriemuseum Lauf« diese Entwicklung an Originalschauplätzen dokumentieren.

Tour: Rundgang durch Lauf an der Pegnitz.
Länge: 3 km.
Dauer: Ca. 60 Min. Wanderung + 2 Std. Museum.
Familie: Die Wanderung verläuft auf asphaltierten Straßen. Das »Industriemuseum Lauf« bietet für Kinder ein spezielles museumspädagogisches Konzept.
Saison: Ganzjährig, Museum: Apr–Dez.
Variante: Vom Industriemuseum aus bietet sich die Möglichkeit, eine Wanderung nach Schnaittach (8 km einfach) anzuhängen.
Anfahrt: *Kfz:* Über die A 9 bis Ausfahrt Lauf und über die B 14 bis zur Nürnberger Str.; ab dort der Beschilderung folgen. *ÖPNV:* Mit der S-Bahn und Regionalbahn bis Bahnhof »Lauf links der Pegnitz« oder mit der Regionalbahn bis Bahnhof »Lauf rechts der Pegnitz«.
Service: Das »Industriemuseum Lauf« ist teilweise barrierefrei und verfügt über ein großes Angebot an Führungen und Aktionen für Kinder und Erwachsene. Besuchern mit Smartphone bietet sich die Möglichkeit, Bilder, Filme und Animationen zu einzelnen Maschinen oder Gebäuden abzurufen.

Die Kraft des Wassers

Die Laufer Mühlen spielen in der wirtschaftlichen Entwicklung der Stadt eine wichtige Rolle. Alleine im Areal des heutigen Industriemuseums befinden sich drei Betriebe, die dank der Wasserkraft über Jahrzehnte erfolgreich waren. Auch die Schleifmühle in der Altstadt und die große Kunstmühle zeugen noch heute davon, wie gut es die Laufer verstanden, die Strömung der Pegnitz für sich zu nutzen. Grund dafür ist auch das sehr starke Gefälle von zwölf Prozent, welches die Pegnitz innerhalb des Gebiets der heutigen Altstadt aufweist.

Im Jahr 1275, etwa 150 Jahre nach der ersten Erwähnung Laufs, standen dort bereits vier Getreidemühlen, ebenso viele wie im deutlich größeren Nürnberg. Gerade das metallverarbeitende Gewerbe hatte früh die starke Wasserkraft des Ortes für sich entdeckt. Von den sieben Mühlen, die Lauf Mitte des 14. Jahrhunderts besaß, handelte es sich bei zweien bereits um Eisenhämmer. Bis ins 16. Jahrhundert wuchs die Zahl auf zehn Hammerwerke, sechs Drahtmühlen und vier Schleifmühlen an. Dank der Nähe zu den Oberpfälzer Erzgruben als Eisenlieferanten und der Reichsstadt Nürnberg als Abnehmer konnte sich in Lauf schnell ein florierendes Metallgewerbe etablieren. Im Schatten der Mühlen entwickelten sich auch die übrigen Handwerke.

Als während der Industrialisierung die Fabriken nach immer mehr Eisen und anderen Metallen verlangten, profitierten die Laufer Mühlen – mittlerweile waren es 23 geworden – in doppeltem Maße von dieser Entwicklung. Zum einen konnten sie dank neuartiger Maschinen die Produktion deutlich erhöhen, zum anderen war der Absatzmarkt für Metalle aller Art explosionsartig gewachsen. Besonders der Ausbau des Eisenbahnnetzes füllte die Auftragsbücher der Laufer Unternehmen.

Um die Waren schneller transportieren zu können, erhielt Lauf bereits 1859 einen eigenen Bahnhof auf der linken Pegnitzseite und wurde an die Bahnlinie Nürnberg–Amberg–Regensburg angeschlossen. Kurioserweise wurde 1877 auf der rechten Uferseite ein zweiter Bahnhof gebaut. Beide Bahnhöfe werden noch immer genutzt.

Die Laufer Industrie hält sich bis heute auf einem beachtlich hohen Niveau. In der Stadt ist eine ungewöhnlich große Zahl von Unternehmen ansässig, deren Gründung in die Zeit der

Blick vom Museumshof auf den Altbau des Museums

Industrialisierung zurückreicht. Firmen wie ABL Sursum, EMUGE oder Sembach wurden Anfang des 20. Jahrhunderts gegründet und haben sich trotz Wirtschaftskrisen und Kriegen zu international agierenden Konzernen entwickelt.

Zwischen Korn und Stahl

Das Industriemuseum in Lauf wurde 1992 gegründet. Es zeigt auf cirka 4 000 Quadratmetern in 14 denkmalgeschützten Gebäuden an (und in) der Pegnitz die Arbeits- und Lebenswelten aus über einem Jahrhundert Industriegeschichte. Alle Gebäude befinden sich an ihrem ursprünglichen Standort und besitzen weitestgehend noch die originale Ausstattung.

Der Eingangsbereich befindet sich direkt vor der ehemaligen Ventilkegelfabrik »Dietz & Pfriem«. Das Unternehmen produzierte hier noch bis 1991. Nach der Stilllegung wurden die Gebäude samt Einrichtung dem Museum angegliedert. Tatsächlich vermitteln die historischen Räume der Fabrik den Eindruck, als hätten die Mitarbeiter gerade eben erst ihre Arbeitsstelle verlassen. Als größter zusammenhängender Komplex innerhalb des Museums bieten die ehemaligen Werkshallen eine vollständige Übersicht über die damalige Herstellung von Motorventilen. Vom Rohstofflager über die eindrucksvollen Fertigungshallen, von Versand und Packerei bis hin zu den Wasch- und Sozialräumen sind nahezu sämtliche Arbeitsbereiche der historischen Fabrik erhalten.

Am westlichen Ende des Geländes befindet sich eine Tandem-Dampfmaschine, Baujahr 1902. Sie ist eines der wenigen großen Objekte, das sich nicht an seinem ursprünglichen Standort befindet. Das Gerät diente einst als Kraftmaschine der Laufer Holzwarenfabrik »Christoph Döring« und wurde nach deren Umzug in den 1980er-Jahren auf das heutige Museumsareal versetzt und restauriert. Bei Führungen kann die Dampfmaschine in Gang gesetzt werden.

Im östlichen Teil des Museumsgeländes befinden sich frühindustrielle Betriebe, die über Wasserräder verfügen, sowie Wohnräume und ein Ausstellungsbereich zum Thema städtisches Handwerk. Die Roggenmühle ist das erste Gebäude in diesem Abschnitt. 1894 wurde in dem bis dahin der Messingverarbeitung dienenden Gebäude eine moderne Mühle eingerichtet, die bis 1912 Roggenmehl mahlte. In ihrem heutigen Zustand dokumentiert sie die moderne Mühlentechnik des späten 19. Jahrhunderts.

Daneben befindet sich das ehemalige Elektrizitätswerk der Stadt Lauf. Hier wurde bereits ab 1899 über einen Generator Strom aus Wasserkraft erzeugt.

Industriemuseum Lauf
Sichartstr. 5–25, 91207 Lauf an der Pegnitz
Tel. 0 91 23/9 90 30, www.industriemuseum-lauf.de
Apr–Dez Mi–So 11.00–17.00
(Führungen und Aktionen auch in der Winterpause)
Familienkarte Maxi/Mini 10 €/6 €, Erwachsene 5 €, ermäßigt 4 €

Im gegenüberliegenden Hammerwerk Engelhardt wurde noch bis 1973 allein mithilfe eines großen Wasserrades Metall verarbeitet. Der Innenraum ist mit zwei Essen, zwei Fallhämmern und einem Lufthammer ausgestattet. Durch die originale Einrichtung wird ein sehr guter Eindruck von der schweren und gefährlichen Arbeit in den Eisenhämmern vermittelt.

Noch bis 1912 im Einsatz: die Roggenmühle des Industriemuseums

Der Rundgang endet in der Abteilung »Handwerk und Gewerbe«, die in einem eigenen Gebäude untergebracht ist. In nachgebildeten Werkräumen werden einst sehr gängige Berufe wie Schuster und Flaschner wieder lebendig. Der Besucher erhält aber auch einen Einblick in typisch städtische Metiers – wie das des Hutmachers, des Schirmmachers oder des Frisörs. Im Obergeschoss nimmt sich das Museum mit zwei inszenierten Wohnungen des Themas Wohnen an und vergleicht die Lebenssituation des frühen 20. Jahrhunderts mit jener der 1950er- und 1960er-Jahre. Daran angeschlossen ist ein 2015 eingerichtetes Schaudepot mit Exponaten aus der Wirtschaftswunderzeit.

Das »Industriemuseum Lauf« bietet einen Streifzug von der durch die Wasserkraft geprägten Frühindustrie bis zur Hochindustrie des 20. Jahrhunderts. Nie aus dem Blick gerät dabei der Mensch in seiner Lebens- und Arbeitssituation.

Von Handwerkern und Mühlen

Der Rundgang durch die Laufer Industriegeschichte beginnt am Eingang des **Industriemuseums**. Von hier aus liegt direkt rechter Hand der **Zeltnerplatz**. Das Gebäude Nummer 3 ist das ehemalige Wohnhaus der Hammerschmiede. Es stammt im Kern noch aus dem 16. Jahrhundert und wurde im Zuge der Einrichtung des Eisenhammers im späten 19. Jahrhundert modernisiert und erweitert.

Folgt man der abknickenden Straße, mündet diese in die Nürnberger Straße, die rechts in die **Altstadt** führt. Südlich des Marktplatzes erstreckt sich – von der Burggasse über die Hellergasse und die Barthstraße – ein Viertel mit **historischen Handwerkerhäusern**. Zwischen dem 16. und 18. Jahrhundert entstanden in der Laufer Altstadt immer mehr Handwerksbetriebe. Diese wussten die ideale Lage zwischen den Eisenhämmern und dem Wenzelschloss zu schätzen und konnten hier erfolgreich ihr Gewerbe betreiben.

Über die Johannisstraße, in der ebenfalls einige Handwerkerhäuser zu sehen sind, geht es wieder in Richtung Pegnitz. Hier befindet sich die **historische »Schleifmühle Reichel«**. Sie wurde 1275 erstmals erwähnt und ist damit die älteste noch erhaltene Wasserkraftanlage in Lauf. Bereits damals wurde sie als Schleifmühle bezeichnet und bis 1988 auch als solche betrieben. Heute haben die »Altstadtfreunde Lauf« die Anlage übernommen und dort ein kleines Museum eingerichtet.

Auf der gegenüberliegenden Uferseite erhebt sich ein mächtiger Backsteinbau. Dabei handelt es sich um die **Schlicht'sche Kunstmühle**. Als 1275 die gegenüberliegende Schleifmühle erstmals erwähnt wurde, befanden sich an dieser Stelle bereits vier Mahlmühlen. 1893 wurde das heutige Gebäude errichtet und eine Kunstmühle eingerichtet. Auch in diesem Fall steht das Wort »Kunst« für eine moderne Mühlanlage, also die Kunst der Technik, und nicht für einen künstlerischen Betrieb. Die Schlicht'sche Mühle verfügte über ein modernes Mahlwerk mit mehreren Mahlgängen und wurde noch bis 1962 betrieben.

Der Rundgang führt nun an der Mühle vorbei und parallel zur Pegnitz. Nach wenigen Metern erreicht man die Siebenkeesstraße, die zur Samstagstraße wird. Das Haus Nummer 2 ist die Villa der ehemaligen **Barth'schen Kunstmühle**. Diese war seit 1664 im Besitz der namensgebenden Familie und wurde, ebenfalls bis Mitte des 20. Jahrhunderts, als moderne Mahlmühle betrieben. Heute ist jedoch nur noch das Wohnhaus der Familie Barth erhalten geblieben.

Der weitere Weg ist geprägt von Straßennamen, die auf die ehemalige wirtschaftliche Bedeutung des Pegnitzufers hinweisen. Es geht zunächst weiter entlang der Samstagstraße, die schließlich

Die imposante Schlicht'sche Kunstmühle an der Pegnitz

in den Hämmerplatz mündet. Rechts zweigt nach einiger Zeit der Drahtzieherhof ab und schließlich erreicht man auf der Kupfergartenstraße die Hauptstraße, die wieder über die Pegnitz führt.

An der Kreuzung zur Nürnberger Straße befinden sich zwei Laufer Traditionsunternehmen, die Firmen »**EMUGE**« und »**Döbrich & Heckel**«. Während letztgenannte zwar noch deutlich auf der Fassade dargestellt, mittlerweile aber in Altdorf ansässig ist, ist EMUGE bis heute eines der wichtigsten Unternehmen in Lauf. Seit 1920 fertigt die Firma Präzisionswerkzeuge und ist seit jeher am selben Standort in Lauf beheimatet.

Parallel zur Nürnberger Straße verläuft die Sichartstraße entlang der Pegnitz wieder zurück zum Industriemuseum.

Am Rande des Weges – die Papiermühle Simmelsdorf

Papiermühlen waren im Umkreis von Nürnberg keine Seltenheit, denn die moderne Papierherstellung wurde in der Reichsstadt erfunden. Dementsprechend versuchten die Patrizierfamilien ab dem 15. Jahrhundert die neue Technologie für sich zu nutzen und wandelten traditionelle Mühlen in Papierwerke um.

Auch die Simmelsdorfer Mühle wurde zu dieser Zeit erstmals erwähnt, diente aber zunächst als Farbhammer. Erst mit dem Übergang in den Besitz der Nürnberger Patrizierfamilie Tucher im späten 17. Jahrhundert entstand unter dem Lehensnehmer und Papierhändler Adam Hieronimus Oheim die Papiermühle. Im Jahr 1844 kaufte Johann Bernhaupt die Mühle, nachdem sein Großvater bereits das Lehen erworben hatte. Die Familie betrieb die Papiermanufaktur noch bis 1860, ehe mit der »Papiermüllerin« Kunigunde Hollfelder – sie hatte zwei Ehemänner überlebt – die letzte Bernhaupt verstarb.

Damit endete auch die Ära der Papiermühle, denn als in dieser Zeit Heinrich Drechsler das Anwesen übernahm, war die Fertigung gegenüber den industriellen Papierfabriken längst nicht mehr konkurrenzfähig. Also richtete er in der Mühle eine Glasschleiferei ein, erbaute den bis heute markanten Werkstatttrakt und führte die kleine Fabrik für mehrere Jahre. In den 1890er-Jahren erfuhr die Mühle ihren letzten Umbau. Aus der Glasschleiferei wurde eine Bronzefabrik, die bis zur Jahrhundertwende in Betrieb blieb.

Während des 20. Jahrhunderts stand das Anwesen leer und verfiel zunehmend. Erst 1976 formierte sich eine Gruppe Simmelsdorfer Bürger, kaufte die Mühle und richtete sie wieder her. 1998 entstand dort eine erfolgreiche Kleinkunstbühne, die aber nach zehn Jahren in größere Räumlichkeiten umzog. Heute finden dort noch vereinzelt Konzerte und Veranstaltungen statt.

Im Schatten der Fördertürme

Die kleine Stadt Auerbach im Westen der Oberpfalz bildete gemeinsam mit Pegnitz die zentrale Region der nordbayerischen Erzförderung. Über Jahrzehnte sorgten die Gruben für Wohlstand und Arbeit. Doch als 1987 mit der Förderanlage »Leonie« auch das letzte Bergwerk der Region geschlossen wurde, endete die erfolgreiche Ära des Erzbergbaus. Bis heute zeugen die mächtigen Fördertürme in Nitzlbuch und am Speckbach von der ehemaligen Bedeutung der Erzindustrie in Auerbach.

Tour: Wanderung entlang der ehemaligen Erzgruben von Nitzlbuch nach Auerbach und zurück.
Länge: 10 km.
Dauer: Ca. 3 Std. Wanderung.
Familie: Die Wanderung führt durch teilweise schlecht befestigte Abschnitte und über Wiesen.
Saison: Vorwiegend im Frühjahr und im Sommer.
Variante: Es besteht an verschiedenen Stellen die Möglichkeit, den Auerbacher Mühlenwanderweg als Erweiterung zu nutzen.
Anfahrt: *Kfz:* Über die A 9 bis Ausfahrt Auerbach, dann der B 470 und der B 85 bis Nitzlbuch folgen. *ÖPNV:* Mit dem Regionalexpress bis nach Pegnitz und mit der Buslinie 450 nach Auerbach.

Die Erzgruben des »bayerischen Ruhrgebietes«

Die Region zwischen Pegnitz, Auerbach und Amberg ist seit jeher reich an Eisenerz gewesen. Da der wertvolle Bodenschatz nah an der Oberfläche und damit leicht abzubauen war, entstanden bereits vor ungefähr 2 000 Jahren erste Förderstätten. Zu wahrer wirtschaftlicher Bedeutung gelangte das Gebiet aber erst im Mittelalter. Zwischen dem 14. und 17. Jahrhundert entwickelte sich hier eines der wichtigsten Zentren der europäischen Eisengewinnung. Doch die politischen Unruhen des Dreißigjährigen Krieges und eine allzu strikte Reglementierung durch die in der Region übermächtige Hammereinigung führten zu einem vorübergehenden Niedergang des Gewerbes.

Dank der industriellen Revolution stieg der Bedarf an Eisen und Stahl im 19. Jahrhundert sprunghaft an. Besonders der rapide Ausbau der Eisenbahn in Bayern sorgte für eine ständig zunehmende Nachfrage, von der auch die Region um Auerbach profitierte. Durch die Gründung der »Eisenwerksgesellschaft Maximilianshütte« 1853 wurde der Erzabbau schließlich mit industriellen Methoden wieder aufgenommen. Ab 1878 begannen am Gottvaterberg in Auerbach die ersten Versuchsbohrungen, ehe dort 1903 die erste Schachtanlage »Minister Falk« in Betrieb ging. Schnell wurde aber klar, dass der Großteil des Erzes in größerer Tiefe zu suchen war. Deshalb entstand bis 1906 in direkter Nähe der ersten Grube die Doppelschachtanlage »Maffei«, benannt nach dem damaligen Aufsichtsratsvorsitzenden der Maxhütte. Das dort geförderte Erz wurde mittels einer Seilbahn über den Gottvaterberg zum Bahnhof Auerbach gebracht und zur Verhüttung in die Maxhütte nach Sulzbach-Rosenberg transportiert.

Die Fördertürme der »Maffeischächte Nitzlbuch« sind Zeugen einer ehemals gigantischen Erzindustrie.

In den folgenden 70 Jahren förderten die »Maffeischächte« 16 Millionen Tonnen Erz für die Maxhütte. Am 29. Juli 1978 wurde die Förderung beendet, nachdem die Erzvorkommen nahezu vollständig abgebaut waren. Bereits 1972 wurde deswegen auf der anderen Seite des Gottvaterberges mit dem Bau einer modernen Förderanlage begonnen, um die dort vorhandenen Erzvorkommen abbauen und somit den Wegfall der »Maffeischächte« kompensieren zu können. 1977 konnte die neue Schachtanlage »Leonie« ihren Betrieb aufnehmen und das Erz mit modernsten Fördermethoden abbauen.

Allerdings hatte sich zu diesem Zeitpunkt bereits angedeutet, dass die Maxhütte Sulzbach-Rosenberg zunehmend in wirtschaftliche Schwierigkeiten geriet. Mehrere Besitzerwechsel sorgten schließlich 1987 für den Konkurs und damit auch für die Schließung der Förderanlage »Leonie«. Gerade einmal fünf Millionen Tonnen Erz waren dort gefördert worden. Bis heute vermuten Geologen ein Restvorkommen von bis zu 20 Millionen Tonnen Erz in der Grube. Für die Bewohner in Auerbach war das Ende des Erzabbaus ein schwerer Schlag, denn der Bergbau hatte über Jahrzehnte für Wohlstand in der gesamten Region gesorgt und die Maxhütte war der größte Arbeitgeber in der Stadt. Bis heute erinnern die Fördertürme der Grube »Leonie« und der »Maffeischächte« an dieses bedeutende Kapitel bayerischer Industriegeschichte.

Rund um den Gottvaterberg – die Auerbacher Bergwerke

Der Rundweg um den Gottvaterberg beginnt an der **Doppelschachtanlage »Maffei«** im Stadtteil **Nitzlbuch**. In der gut erhaltenen Anlage wurde vom »Förderverein Maffeispiele« ein Museum eingerichtet, das die Geschichte der »Maffeischächte« und des Auerbacher Bergbaus dokumentiert. Die beiden historischen Fördertürme stammen noch aus dem Jahr 1906 und sind somit die ältesten in Bayern.

Nördlich der Schachtanlage verläuft eine wenig befahrene Verbindungsstraße nach Auerbach, die direkt am **Gottvaterberg** entlangführt. Der Berg ist 550 Meter hoch und bildet das Zentrum des Auerbacher Erzbergbaus. Hier fanden im späten 19. Jahrhundert die ersten Probebohrungen statt, ehe die Schachtanlagen rund um den »Gottvater« entstanden.

Nach etwa einem Kilometer steht am Straßenrand ein Hinweisschild des Erzweges. An dieser Stelle hatte der Brauereibesitzer Joseph Weiß kurz nach der Fertigstellung der »Maffeischächte« die Gaststätte »Glück auf« für die Bergarbeiter eröffnet. 1920 entstand in der direkten Nachbarschaft ein von der Maxhütte errichtetes Wohngebäude für die Steiger der Schachtanlage. Die Steiger waren eine Art Aufseher und Vorarbeiter beim Bergbau. 1940 kaufte die Firma auch die Gaststätte, ließ sie aber 1950 abreißen.

Die Straße reicht bis in die **Altstadt von Auerbach**. Abgesehen von der zentralen Stadtkirche wirkt das Zentrum nüchtern und eher schlicht. Der weitere Weg führt genau auf der anderen Seite wieder aus der Altstadt heraus und dann rechts die Degelsdorfer Straße entlang bis zum **Industriegebiet »Leonie«**. Der ehemalige Förderturm ist noch immer das zentrale Bauwerk der Anlage, die mittlerweile in ein kleines Gewerbegebiet umgewandelt wurde. Im Osten sind noch zwei künstliche Seen zu erkennen, die früher für die Entwässerung der Stollen als Klärteiche genutzt wurden.

Von diesen führt ein schöner Wanderweg in Richtung Norden über das ehemalige Grubengelände. Der 60 Hektar große Bereich wurde 1996 in das **Naturschutzgebiet »Grubenfelder Leonie«** umgewandelt. Die dort angesiedelten Auerochsen und Exmoor-Ponys bilden einen angenehmen Kontrast zu den historischen Gebäuden der Bergbauindustrie.

Die ehemalige »Grube Schleichershof«

Auf demselben Weg geht es wieder zurück zum Industriegebiet »Leonie« und die Degelsdorfer Straße entlang, bis links die Straße zur **Neumühle** abzweigt. Bereits 1340 wird an dieser Stelle eine Mahlmühle erwähnt. Aus der bescheidenen Anlage entwickelte sich über die Jahrhunderte ein ansehnlicher Mischfutterbetrieb, der bis 1988 existierte. Die mächtigen Mühlengebäude beherbergen noch heute eine Bäckerei, der Mühlenbetrieb aber ist längst eingestellt.

Folgt man dem Neumühlweg weiter, zweigt linker Hand die Straße »Schleichershof« in eine Neubausiedlung ab. Der Rundweg führt durch das Wohngebiet und biegt an jeder größeren Kreuzung links ab, ehe man einen langen Weg in Richtung Wald erreicht. Dort befindet sich rechts des Weges der Eingang zur **ehemaligen »Grube Schleichershof«**. Obwohl schon seit dem Mittelalter in Auerbach Erz gefördert wurde, gestattete erst ab 1716 ein kurfürstlicher Erlass den Bergbau. Dieser wurde bis Mitte des 19. Jahrhunderts von den ansässigen Bauern in drei Schächten betrieben. Mit der Gründung der Maxhütte erwarb diese schließlich auch die Gruben am Schleichershof. Erst mit der steigenden Eisennachfrage im Zweiten Weltkrieg wurde der Schacht noch einmal zum Erzabbau geöffnet, ehe er 1946 endgültig stillgelegt wurde.

Der Rückweg zu den »Maffeischächten« erfolgt über den Grünhof in Richtung Stadtzentrum und dann über die obere Vorstadt wieder auf der Straße am Gottvaterberg vorbei, die auch schon auf dem Hinweg genutzt wurde.

Das Speedtreibhaus – röhrende Motoren der anderen Art

Unweit von Auerbach befindet sich in der Gemeinde Eschenfelden das Motorsportmuseum »Speedtreibhaus«. Horst Linn war über mehrere Jahre ein begeisterter und erfolgreicher Hobbyrennfahrer. Dabei hat er sich eine beeindruckende Sammlung an Oldtimern und Rennwagen zugelegt, die er mittlerweile im »Speedtreibhaus Eschenfelden« der Öffentlichkeit zugänglich gemacht hat. Durch die Konzentration auf die Geschichte des Motorsports schließt das Museum jene Lücke, die bei den anderen Fahrzeugsammlungen der Region bislang noch vorhanden war.

Ob Renault, Ferrari, BMW oder Oldtimer – das »Speedtreibhaus« bietet für jeden Geschmack interessante Exponate. Kernstück und eindeutig in der Überzahl sind die verschiedenen Renault-Fahrzeuge, da Horst Linn die längste Zeit seiner Karriere

Blick in die Fahrzeugsammlung des »Speedtreibhauses Eschenfelden«

für diese Marke gefahren ist. Ein besonderes Highlight sind die beiden Alpines, die auf der rechten Seite stehen. Daneben finden sich aber mit mehreren Ferraris und einem »Fiat 500 Rallye« auch italienische Vertreter in der Sammlung. Natürlich dürfen auch deutsche Fahrzeuge nicht fehlen. Dieser Part wird von mehreren BMWs ausgefüllt. Oldtimerfans kommen hingegen beim Anblick der beiden historischen Salmson-Rennwagen voll auf ihre Kosten. Allerdings werden diese nicht immer in der Sammlung gezeigt.

Speedtreibhaus Eschenfelden
Heinrich-Hertz-Platz 5, 92275 Hirschbachtal-Eschenfelden
Tel. 0 96 65/9 14 08 90, www.speedtreibhaus.de
Fr u. Sa 14.00–19.00, So 11.00–19.00
Erwachsene 5 €, ermäßigt 3 €, Kinder unter 6 Jahren frei

Das Museum sieht sich zudem als lebendiger Veranstaltungsort, bei dem historischer und moderner Motorsport miteinander verbunden werden sollen. Aus diesem Grund werden im zugehörigen Bistro regelmäßig Motorsportveranstaltungen übertragen.

Am Rande des Weges – der Erweinstollen in Pegnitz

Nicht nur in Auerbach gab es Gebiete, die reich an Erz waren, und nicht alle Gruben waren Teil der Maxhütte. Als 1908 in Pegnitz die Zeche »Kleiner Johannes« eröffnet wurde, transportierten die Betreiber das Erz zur Verhüttung bis nach Linz in Österreich. Bis zu 600 Mitarbeiter förderten jährlich 400 000 Tonnen Erz aus der Grube, ehe die Linzer Hütte keine Lieferungen mehr annahm und damit den Niedergang des Pegnitzer Bergbaus einleitete. 1967 endete die Erzförderung in der Zeche »Kleiner Johannes«. Auch der Erweinstollen führte früher in den »Kleinen Johannes« und erinnert heute als Industriedenkmal an die Geschichte des Bergbaus. Am nördlichen Stadtrand von Pegnitz wurde der alte Stollen in eine kleine Ausstellung umgewandelt. Zwei Infotafeln zeigen den Grundriss der ehemaligen Anlage und alte Bilder aus der aktiven Zeit der Grube. Hinter Gitterstäben erkennt man einen alten Kleinzug, mit dem die Erzvorkommen aus dem Stollen gebracht wurden. Puppen in Originalkleidung vermitteln den lebendigen Eindruck des alten Stollens. Das zugehörige Areal war ebenfalls Bestandteil der ehemaligen Zeche, wird aber mittlerweile anderweitig genutzt. Die noch erhaltenen Gebäude geben einen guten Eindruck über die frühere Größe der Anlage.

Der Erweinstollen Pegnitz

Sulzbach-Rosenberg
Zentrum des »bayerischen Ruhrgebietes«

Vor den Toren der Stadt erhebt sich ein eindrucksvoller Schlackeberg. Dahinter ragt der ehemalige Hochofen der Maxhütte in den
Himmel. Bis heute prägen das einstige Hüttenwerk und seine Hin-
terlassenschaften das Bild der ehemals wichtigsten Industriestadt
in der Oberpfalz, deren Bedeutung ihr den Beinamen »bayerisches
Ruhrgebiet« einbrachte. Im Museum und auf dem Bergbaupfad
lassen sich die damaligen Dimensionen der Maxhütte und ihre Bedeutung für die Stadt auf spannende Weise verfolgen.

Tour: Rundgang durch Sulzbach-Rosenberg vom Stadtmuseum
über die St. Anna-Grube, über den Schlossberg zur Maxhütte
und zurück.
Länge: 12 km (ohne Umrundung der Maxhütte 9 km).
Dauer: Ca. 4 Std. Wanderung + 1 Std. Stadtmuseum.
Familie: Die Wanderung verläuft auf asphaltierten Straßen mit
einigem Höhenunterschied.
Saison: Ganzjährig.
Varianten: Die Stadt Sulzbach-Rosenberg hat zwei umfassende
Bergwerkspfade im Norden und im Süden angelegt, die einen
zusätzlichen Einblick in die Geschichte der Erzindustrie bieten.
Anfahrt: *Kfz*: Über die A 6 bis Ausfahrt Sulzbach-Rosenberg und
über die Landstraße bis ins Stadtzentrum. *ÖPNV*: Mit dem
Regionalexpress bis Bahnhof Sulzbach-Rosenberg.
Service: Das Stadtmuseum ist nicht barrierefrei. Es besitzt einen
kleinen Shop an der Museumskasse.

Die Maxhütte – rostende Erinnerung an glorreiche Zeiten

Mehr als ein Jahrhundert lang bestimmte die Maxhütte das Leben
in Sulzbach-Rosenberg. Die Fabrik gab zu ihren besten Zeiten über
9 000 Menschen Arbeit und beeinflusste die Wirtschaft einer ganzen Region. Bis heute kämpft die Stadt mit den Folgen des Nie-
derganges und sucht nach einem sinnvollen Konzept zur weiteren
Nutzung der gigantischen Industrieruine.

Industrieruine ohne Verwendungszweck:
Nach dem Niedergang wurden große Teile der Maxhütte dem Verfall preisgegeben.

Die Geschichte der Maximilianshütte, benannt nach dem bay-erischen König Maximilian II., begann 1853 mit der Gründung der »Eisenwerk-Gesellschaft Maximilianshütte«. Nachdem zunächst alle Erzvorkommen in der Region untersucht und erste Gruben an-gelegt worden waren, entstand ab 1872 zunächst die Hüttenanlage. Das Stahlwerk selbst wurde 1889 in Betrieb genommen und war das einzige kombinierte Stahl- und Hüttenwerk in Deutschland. Von der Anlieferung des abgebauten Erzes bis zur Auslieferung des fer-tigen Rohlings konnten sämtliche Arbeitsschritte in der Maxhütte durchgeführt werden. Die Stahlproduktion erlangte innerhalb we-niger Jahre deutschlandweite Bedeutung und sorgte für eine stetige Expansion des Unternehmens.

Der Erfolg weckte aber auch Begehrlichkeiten. Bis 1929 hatte sich der »Flick«-Konzern aus dem Ruhrgebiet die Aktienmehrheit an der Maxhütte gesichert und übernahm nach und nach die ge-samte Firma, bis sie 1955 hundertprozentige Unternehmenstochter wurde. Doch bereits während des Zweiten Weltkrieges fielen ers-te Schatten auf das Unternehmen. Da die männlichen Mitarbeiter zum größten Teil an die Front geschickt wurden, mussten in der Maxhütte Zwangsarbeiter arbeiten. Konzernchef Friedrich Flick selbst wurde dafür in den Nürnberger Prozessen zu sieben Jahren Haft verurteilt.

Die Stahlproduktion nahm in der Nachkriegszeit schnell wieder an Fahrt auf und konnte zunächst an die früheren Erfolge anknüpfen. 1956 wurde zudem ein Rohrwerk in Betrieb genommen. Gleichzeitig musste sich das Stahlwerk dem internationalen Konkurrenzkampf unterwerfen. Ab 1956 wurde zu den eigenen Fördermengen noch Erz aus Schweden und später aus Brasilien zugekauft. In den 1970er-Jahren erfolgten in der Maxhütte zwar umfassende Umstrukturierungsmaßnahmen, doch die Probleme wuchsen der Firmenleitung weiter über den Kopf. Mehrere Besitzerwechsel und der schleichende Niedergang der Maxhütte führten ab 1981 zu einem jahrzehntelangen Arbeitskampf der Angestellten.

Als 1987 der erste Konkurs verkündet werden musste, war die Belegschaft bereits um über die Hälfte auf 4500 Mitarbeiter geschrumpft. Der Betrieb wurde vorübergehend von der »Maxhütte i. K.« (in Konkurs) weitergeführt. Ab 1990 übernahm die »Neue Maxhütte Stahlwerke GmbH«, bestehend aus den Gesellschaftern Thyssen, Krupp, Mannesmann, Klöckner und dem Freistaat Bayern, die Leitung des Stahlwerkes. Nachdem der Freistaat 1994 seine Anteile an Max Aicher verkaufte, der zuvor bereits die Anteile von Thyssen, Klöckner und Krupp übernommen hatte, trudelte die Maxhütte im November 1998 in den zweiten Konkurs. Als im Juli 2002 das Stahlwerk endgültig stillgelegt wurde, arbeiteten noch 850 Angestellte in der Firma. Der einzige verbliebene Bereich ist das Rohrwerk, in dem heute die letzten 450 Mitarbeiter beschäftigt sind.

Was von 100 Jahren Eisenverarbeitung übrig blieb, sind ein Koloss aus Stahl, der zunehmend vor sich hin rostet, und ein aufwendig renaturierter Schlackeberg. Riesige Stahlgerüste und Fabrikhallen zeugen noch heute von der einst immensen Arbeitskraft des Werkes. Betreten kann man die Anlage jedoch nicht, da bislang keine entsprechenden Sicherungsmaßnahmen durchgeführt wurden.

Das Stadtmuseum – von Bergmännern und Handwerkern

Im »Stadtmuseum Sulzbach-Rosenberg« spielen die Maxhütte und der Erzbergbau ebenfalls eine zentrale Rolle, doch auch viele andere Bereiche der Stadtgeschichte haben ihren festen Platz in dem vielfältigen Themenspektrum des Museums.

Dementsprechend beginnt der Rundgang durch die Dauerausstellung mit der historischen Schmiede. Hier werden mit

Eisenverarbeitung und Handwerk gleich zwei Kernelemente des Stadtmuseums an den Besucher herangetragen. Dementsprechend folgt direkt darauf der Bereich der Handwerksgeschichte in Sulzbach-Rosenberg. Hier befinden sich neben der Schmiede eine Druckerei, eine Buchbinderei und eine Wagnerwerkstatt. Zudem werden Themen wie die in der Oberpfalz weit verbreitete Keramik- und Tonindustrie präsentiert, sodass der Besucher einen guten Überblick über die Gewerbelandschaft außerhalb der Maxhütte erhält.

Stadtmuseum Sulzbach-Rosenberg
Neustadt 14–16, 92237 Sulzbach-Rosenberg
Tel. 0 96 61/8 77 68 00, www.su-ro.city
Mi–Fr 9.00–12.00 u. 13.30–16.30, Sa u. So 13.30–16.30
Erwachsene 1,50 €, ermäßigt 1 €, Kinder (6–15 Jahre) 0,50 €

Natürlich wird auch die historische Stadtentwicklung detailliert dargestellt. Doch den Schwerpunkt stellt eindeutig das Thema »Erz und Eisen« dar. Vom Beginn der Erzverarbeitung bis zum modernen Hüttenwerk präsentiert das Museum die Entwicklung der Sulzbacher Stahlgeschichte. Neben verschiedenen Werkzeugen und Ausrüstungsgegenständen spielt vor allem der jahrelange Kampf um die Erhaltung der Maxhütte und der Arbeitsplätze eine wichtige Rolle.

Nachdem schließlich auch der Bergbau in Sulzbach-Rosenberg detailliert beschrieben wird, befindet sich auf der gegenüberliegenden Hofseite ein nachgebauter Erzstollen mit Sprengkammer und Bergleuten bei der Arbeit. Tatsächlich vermittelt die Rekonstruktion einen guten Eindruck von der Arbeit in den Oberpfälzer Gruben.

Auf der Spur des Erzes

In Sulzbach-Rosenberg finden sich noch an vielen Stellen Zeugen der ehemals so dominanten Stahlindustrie. Aus diesem Grund hat die Stadt zwei Bergbaupfade angelegt, die den Norden und den Süden der Sulzbacher Bergbauregion abdecken. Die hier vorgestellte Route passiert die wichtigsten Sehenswürdigkeiten, die im Zuge einer einzigen Wanderung zu erreichen sind.

Der Weg führt vom **Stadtmuseum** rechts herum aus der Altstadt hinaus und links über die Neutorgasse auf den Annabergweg.

Bergarbeiter-Attrappe im Stollen des Stadtmuseums Sulzbach-Rosenberg

Vorbei an einem alten Industriegebiet zweigt nach einigen Hundert Metern der Schelmesgraben nach rechts ab. Von dieser Stelle aus blickt man in Richtung Annaberg auf das **ehemalige Bruchgebiet**, in dem das Erz im Tagebau abgebaut wurde. Die Grube endete an einer vorgegebenen Linie vor dem Berg, um die berühmte Wallfahrtskirche St. Anna auf dem Gipfel nicht zu gefährden.

Über den Schelmesgraben und die St.-Anna-Straße kommt der **Förderturm der ehemaligen Grube St. Anna** in Blickweite, der

Blick auf den ehemaligen Schlackeberg der Maxhütte, heute ein sehenswertes Biotop

über die Fritz-Pirkl-Straße zu erreichen ist. Die Anlage wurde 1958 gebaut, um das verbliebene Erz unter dem Annaberg abbauen zu können. Die vollautomatische Fördereinrichtung konnte jeden Tag eine Fördermenge von 2 500 Tonnen bewältigen und war die modernste Förderstätte im Sulzbach-Rosenberger Gebiet. Das abgebaute Erz wurde mithilfe von geschlossenen Transportbehältern aus der Grube gehoben und dort über ein Förderband in einen nahen Bunker befördert. Eine Seilbahn brachte das Erz schließlich direkt zur Maxhütte. 1974 wurde die Grube stillgelegt, nachdem die Erzvorkommen erschöpft waren.

Vom alten Förderturm aus führt der Weg wieder auf die St.-Anna-Straße, von der rechts die St.-Georg-Straße abzweigt. Rechter Hand liegt die Theodor-Heuss-Straße, an dieser wiederum, versteckt im Wald, die **Flick-Villa**. Sie war viele Jahre der Wohnsitz des Großindustriellen Friedrich Flick. Auf dem Grundstück der Villa befindet sich auch ein ehemaliger Stollen. Allerdings handelte es sich beim »Stollen Max« nicht um einen Förderschacht, sondern um einen Luftschutzstollen, der zu einem kleinen Museum umgebaut wurde, das auf Anfrage betreten werden kann.

Links an der Flick-Villa vorbei verläuft ein Fußweg in Richtung Hugo-Geiger-Straße. Diese führt direkt zum Schlossberg, an dessen Fuß sich das **ehemalige Restaurant »Schlössl«** befindet. Im Jahr 1785 ließ Pfalzgräfin Franziska Dorothea dieses Lustschlösschen errichten. Seine Bedeutung für den Bergbau erlangte es als ehemaliges Werkscasino der Maxhütte. Es wurde bis 1987 in dieser Funktion betrieben, ehe es als Teil der Konkursmasse veräußert wurde.

Daneben befindet sich der **Schlossberg** mit seinem markanten Kriegerdenkmal. Er bietet von seinem Gipfel aus einen einmaligen Blick über das Areal der Maxhütte und auf die Stadt. In Richtung der Fabrik führt dann auch der Weg wieder nach unten und über die Erzhausstraße zur **Maxhütte**. Die riesige Anlage wuchs seit der Errichtung des ersten Kohlehochofens 1864 kontinuierlich an und galt zeitweise als die modernste Hütte in Deutschland. Direkt hinter dem Eingangstor erhebt sich der mächtige Hochofen, der heute gemeinsam mit dem Ofen der Heinrichshütte in Hattingen zu den ältesten erhaltenen Exemplaren in Deutschland zählt und denkmalgeschützt ist. Neben der Maxhütte verläuft der Bahnweg, der die Möglichkeit bietet, die geschlossene Anlage aus nächster Nähe zu umrunden. Dabei erreicht man neben dem ehemaligen Stahlwerk, erkennbar durch die drei markanten Schornsteine, auch den ehemaligen Bahnhof der Maxhütte.

Am Ende der Anlage gelangt man über die Lohestraße zur Europastraße, die auf der anderen Seite der Fabrik wieder zurück und zum **Schlackeberg** führt. Ab 1893 wurden die Produktionsrückstände der Maxhütte mit einer Schmalspurbahn auf diese Deponie gebracht, sodass im Laufe der Jahre ein richtiger Berg gewachsen war. Unter großen Mühen wurde der Schlackeberg in den letzten Jahren rekultiviert und in ein Biotop umgewandelt.

Der Rückweg führt über die Erzhausstraße links auf die Rosenbachstraße, die nach einigen Kilometern wieder die Altstadt erreicht.

Am Rande des Weges – das Hammerschloss in Vilseck

Der erzhaltige Oberpfälzer Boden sorgte bereits in der frühen Neuzeit dafür, dass an vielen Stellen Eisenhämmer gegründet wurden. Auch in der kleinen Stadt Vilseck entstanden entlang des kleinen Flusses Wiesenohe mehrere Hämmer. Eine der bedeutendsten Anlagen ist das Hammerschloss in Vilseck.

Die heute noch erhaltene Anlage entstand um 1540 und war wohl zunächst Teil eines landwirtschaftlichen Betriebes. Dieser vergrößerte sich im Laufe der Jahrhunderte deutlich. Zu wahrem Reichtum kam das Anwesen jedoch erst im 18. Jahrhundert, als die Nachfrage nach Eisen zunehmend stieg und die ehemaligen Hammermühlen zu großen Betrieben mit einer kleinen Siedlung anwuchsen. In dieser Zeit entstanden auch die Kapelle und das Gesindehaus, die in dieser Form als Teil einer Hammersiedlung wohl einmalig in der Region sind. Der Hammer wuchs während der industriellen Revolution noch einmal deutlich an. Der große Kamin, der heute einsam mitten auf dem Hof steht, gibt einen Eindruck von der damaligen Größe. Die großen Hüttenwerke des 19. Jahrhunderts beendeten die Ära der Hammerschlösser noch vor der Jahrhundertwende. Auch die Hammersiedlung Vilseck musste sich schließlich der übermächtigen Konkurrenz beugen.

Das Hammerschloss Vilseck, mit eigener Kapelle vorne links

Die Hammerschlösser an der Vils

Die traditionell erzreichen Böden der Oberpfalz sorgten bereits vor der Industrialisierung für die Entstehung einer Vielzahl von Hammerwerken an den Flüssen. Auch an der Vils entwickelten sich drei eindrucksvolle Hammermühlen, in deren größter sich heute das »Bergbau- und Industriemuseum Ostbayern« befindet. Als Zentrum der regionalen Industriegeschichte dokumentiert es gemeinsam mit seinen drei Außenstellen die Entwicklung der industriellen Revolution rund um die Erzindustrie zwischen Auerbach und Amberg.

Tour: Wanderung von Schloss Theuern an der Vils über Wolfsbach bis Leidersdorf und zurück.

Länge: 10 km.

Dauer: Ca. 3 Std. Wanderung + 90 Min. Bergbau- und Industriemuseum Ostbayern.

Familie: Die Wanderung verläuft auf gut ausgebauten Wegen und hat nur geringe Anstiege.

Saison: Ganzjährig.

Variante: Die Wanderung kann auf eine Tour bis nach Schwandorf (s. S. 148ff.) auf 20 km erweitert werden.

Anfahrt: *Kfz:* Über die A6 bis Amberg-Kümmersbruck und dann in Richtung Theuern. *ÖPNV:* Mit der Bahn bis Bahnhof Amberg und mit dem Bus Nr. 454 nach Theuern.

Service: Das Museum ist nicht barrierefrei und verfügt über einen kleinen Buchverkauf an der Kasse. Direkt neben dem Museum befindet sich die Gaststätte *Zum Schlosswirt*. (Tuwernstr. 2).

Die Hammerschlösser an der Vils

Schon lange bevor mit der Gründung der Maxhütte Sulzbach-Rosenberg die industrielle Stahlproduktion in der Oberpfalz Einzug hielt, wurde entlang der Flüsse Erz verhüttet und Eisen hergestellt. Dank der Wasserkraft konnten schwere Eisenhämmer angetrieben

Das Hammerschloss Leidersdorf – eines der vielen Hammerwerke
an der Vils, dessen Betrieb im 20. Jahrhundert eingestellt wurde.

werden, die das verhüttete Roheisen in Form brachten. Am Ufer
der Vils liegen in wenigen Kilometern Entfernung drei ehemalige
Eisenhammer, die alle so gewinnbringend arbeiteten, dass sich ihre
Eigentümer große, schlossartige Anwesen bauen lassen konnten.

Doch nicht nur die geografische Nähe verbindet die drei Anwesen. Auch ihre Entstehungsgeschichte ist eng miteinander ver-
zahnt, denn alle waren zwischen dem 15. und 17. Jahrhundert im
Besitz der Patrizierfamilie Portner.

Nacheinander waren entlang der Vils die Hämmer in Wolfsbach (13. Jh.), Leidersdorf (14. Jh.) und Theuern (15. Jh.) entstanden. Teilweise wurde versucht, das benötigte Erz aus den
umliegenden Bergen zu beziehen, der Großteil kam jedoch aus
den weiter entfernten Oberpfälzer Gruben. Hatten die Bergleute
im Mittelalter zunächst größtenteils das Erz noch selbst verhüttet,
nutzten sie ab dem 13. Jahrhundert die Mühlentechnik, um das Eisen schneller gewinnen zu können.

Die Portner'schen Hämmer wirtschafteten über Jahrhunderte
sehr ertragreich, doch der Dreißigjährige Krieg führte zu schweren
Schäden in der Region. Die beiden Hämmer in Leidersdorf und
Theuern waren völlig zerstört und die Mühle in Wolfsbach war
stillgelegt worden. Die Ära der Familie Portner war ebenfalls beendet und die Anwesen gingen an neue Eigentümer über.

Zwar wurden die Hämmer bald wieder in Betrieb genommen und sorgten erneut für frisches Eisen. Doch spätestens mit der industriellen Revolution war die Zeit der Hammermühlen beendet. Die Eisenhämmer profitierten zunächst von der steigenden Nachfrage nach Eisen. Allerdings konnten sie mit den modernen Maxhütten in Haidhof und Sulzbach-Rosenberg nicht mehr mithalten, die gegen Ende des 19. Jahrhunderts in der Region entstanden. Die Hammerwerke waren nicht in der Lage, gegen die Konkurrenz anzukämpfen und mussten nach und nach alle geschlossen werden.

Bergbau- und Industriemuseum Ostbayern

Im alten Hammerschloss Theuern befindet sich das »Bergbau- und Industriemuseum Ostbayern«. Es ist das zentrale Museum der Region Amberg-Sulzbach zum Thema Bergbau- und Industriegeschichte. Neben dem Bergbau präsentiert das Museum auch Beispiele anderer wichtiger Industriezweige.

Der Rundgang durch das Museum beginnt mit der Mineraliensammlung, die auch gleichzeitig den Auftakt für den Bereich Bergbau darstellt. Ausgewählte Exponate und eine interaktive Karte bieten dem Besucher einen guten Überblick über die Zusammenhänge des Oberpfälzer Bergbaus.

Bergbau- und Industriemuseum Ostbayern
Portnerstr. 1, 92245 Kümmersbruck-Theuern
Tel. 0 96 24/8 32, www.museumtheuern.de
Di–Sa 9.00–17.00, So 10.00–17.00
Erwachsene 2 €, ermäßigt 1,50 €, Schüler 1 €

Der nächste Raum führt dann zunächst wieder in die Gegenwart, denn hier sind technologische Errungenschaften aus der Region ausgestellt. Die historischen Pendants befinden sich quer über dem Hof im Obergeschoss. Hier zeigt sich, auf welch vielfältige Weise Oberpfälzer Erfinder und Firmen in den letzten 100 Jahren gewirkt haben. Vom einfachen Handwerk bis zu technischen Weltmarktführern zeigt das Museum hier ein breit gestaffeltes Bild der regionalen Industriegeschichte. Nicht fehlen darf in dieser Region natürlich die Geschichte von Porzellan und Glas, die sich im Obergeschoss befindet und einige besondere Highlights bereithält.

Ebenfalls zum Museum gehören mehrere Außenanlagen. Mit dem Hammerwerk, der Spiegelschleiferei und dem Förderturm können für die Region typische Gewerbe in historischem Ambiente besucht werden. Zudem befindet sich in den Räumen der Spiegelschleiferei das Strommuseum, das die Geschichte von 100 Jahren Oberpfälzer Stromversorgung dokumentiert.

Entdeckungsreise entlang der Vils

Oberhalb des Museums verläuft der **Vilsweg**, der auf einem Höhenweg dem Flussverlauf folgt. Der Weg führt immer geradeaus bis zum kleinen Ort Wolfsbach. Hier biegt man links in Richtung Fluss ab und erreicht schließlich das **Hammerschloss Wolfsbach**. Von der Brücke aus kann man noch deutlich die ehemalige Hammermühle erkennen. Das Hauptgebäude liegt dagegen etwas abseits des Flusses, auf der anderen Seite der Hauptstraße und ist durch seine typische, schlossähnliche Fassade deutlich zu erkennen.

Wieder zurück auf dem Vilsweg geht es einige Kilometer weiter Richtung Süden zum **Hammerschloss Leidersdorf**. Der deutlich düsterere Bau unterscheidet sich von den Schlössern in Theuern

Blick in die Bergbauabteilung des Museums

und Wolfsbach, da hier Mühle und Wohnhaus in einem Gebäude vereint sind. Zudem befindet sich das Anwesen auf einer Insel mitten in der Vils. Das historische Wehr ist noch deutlich zu erkennen, ebenso wie das Mühlenhäuschen, in dem das Wasserrad untergebracht war.

Von hier aus geht es zunächst auf demselben Weg wieder zurück nach Theuern. Die viel befahrene Landstraße ist nur für Radfahrer eine Alternative. Ein angenehmerer Rückweg für Wanderer ist die bereits genutzte Route. Diese führt oberhalb des Museums vorbei und über die Portnerstraße zum **alten Förderturm**. Die Außenstelle des Bergbau- und Industriemuseums stammt aus den 1930er-Jahren und wurde zusammen mit dem Maschinenhaus aus der ehemaligen »Grube Bayerland« in Waldsassen hierhergebracht.

Über einen etwas steileren Abstieg kommt man zum **ehemaligen Hammerwerk Staubenhammer**, das noch an seiner ursprünglichen Stelle steht. Es wurde als Schienenhammer – also zur Herstellung von Eisenbahnschienen – betrieben und verfügt über sogenannte »Schwanzhämmer«, die über eine Antriebswelle gehoben und fallen gelassen wurden.

Von hier aus geht es wieder in Richtung Museum zurück und zum **Polierwerk**. Diese letzte Außenanlage ist das größte Gebäude und verfügt noch über seine beiden Wasserräder. Nachdem viele Hammerwerke der Konkurrenz aus der Großindustrie weichen mussten, wurden die Anlagen für andere Aufgaben umgebaut. Im Zuge dieser Neuausrichtung entstanden besonders in der Oberpfalz viele Spiegelglasschleifereien und Polierwerke, die ebenfalls von Wasserrädern angetrieben wurden. Auch das Polierwerk des Museums in Theuern wurde im 19. Jahrhundert entsprechend umgebaut und 1880 sogar mit einer eigenen Glasveredelung ausgestattet. Heute befindet sich neben der historischen Anlage, wie oben bereits erwähnt, auch das Strommuseum.

Das »Bergbau- und Industriemuseum Ostbayern« verfügt über eine
spannende Dauerausstellung und mehrere sehenswerte Außenstellen.
Hier spiegelt sich der Förderturm im Fenster des Maschinenhauses.

Am Rande des Weges – die Luitpoldhütte Amberg

Der Amberger Erzbergbau ist eng mit der Maxhütte Sulzbach-Rosenberg verbunden. Nach deren Gründung sollte auch von Amberg aus das Erz an das Hüttenwerk geliefert werden, doch die beiden Standorte kamen nie sonderlich gut miteinander aus. Die bayerische Regierung löste die Probleme, indem Amberg 1883 einen eigenen Hochofen erhielt –, allerdings ohne ein zugehöriges Hüttenwerk, um eine Konkurrenzsituation zur Maxhütte zu vermeiden.

Das Werk wuchs in der Folgezeit kontinuierlich und erhielt 1911 einen zweiten Hochofen und eine eigene Rohr- und Handelsgießerei. 1914 kam sogar ein dritter Hochofen hinzu. Der Erste Weltkrieg und seine Nachwirkungen führten zu einem stetigen Niedergang der Fabrik. 1927 wurde die Luitpoldhütte schließlich in eine Aktiengesellschaft umgewandelt, auch wenn der Freistaat zunächst alleiniger Aktionär blieb. 1938 wurde die Hütte in die Kriegsvorbereitung der Nationalsozialisten einbezogen, dem Freistaat abgekauft und in die »Reichswerke Hermann Göring« eingegliedert. Während des Krieges wurde die Fabrik als kriegswichtiges Unternehmen eingeteilt und mit über 600 Kriegsgefangenen (bei 2 000 Beschäftigten) betrieben.

Zwar wurde die Luitpoldhütte nach dem Krieg nicht demontiert, doch Luftangriffe hatten der Anlage 1945 schweren Schaden zugefügt. Es sollte noch bis 1952 dauern, ehe die »Luitpoldhütte AG« als 74-prozentige Tochter der »Salzgitter AG« neu gegründet wurde. Den Rest der Aktien hält bis heute der Freistaat Bayern. Trotz anfänglicher Erfolge stand die Aktiengesellschaft bereits Mitte der 1960er-Jahre vor dem Konkurs. Seitdem folgten immer wieder Besitzerwechsel und strukturelle Änderungen. So wurde schon 1968 der Hochofen endgültig stillgelegt. Seitdem ist die Luitpoldhütte eine reine Gießerei.

19 Schwandorf
Zwischen Strom und Ton

Schwandorf liegt in der mittleren Oberpfalz, welche reich an Bodenschätzen ist. Doch nicht Eisenerze spielten hier die zentrale Rolle, sondern Ton und Braunkohle. Während Letztere vor allem im 20. Jahrhundert als Brennstoff des Schwandorfer Kohlekraftwerks diente, war der Ton schon lange zuvor eine wichtige Grundlage für die wirtschaftliche Entwicklung der Stadt. Im 21. Jahrhundert sind sowohl große Teile des Kraftwerks als auch die Tonwarenfabrik aus dem Stadtbild verschwunden, doch die Erinnerung daran lebt an verschiedenen Orten bis heute weiter.

Tour: Rundgang von Kallmünz nach Maxhütte-Haidhof.
Länge: 10 km.
Dauer: Ca. 3 Std. Wanderung + 1 Std. Museum.
Familie: Die Wanderung verläuft auf asphaltierten Straßen mit wenig Höhenunterschied.
Saison: Ganzjährig.
Anfahrt: *Kfz:* Über die A 93 bis Ausfahrt Schwandorf und dann Richtung Altstadt. *ÖPNV:* Mit der Regionalbahn bis Schwandorf Hauptbahnhof.
Service: Das »Stadtmuseum Schwandorf« ist nur im Bereich der Sonderausstellungen barrierefrei.

Verblichene Erinnerung – die Schwandorfer Industriegeschichte

Es ist nicht so, als hätte Schwandorf keine besondere Industriegeschichte vorzuweisen. Vielmehr hat die Stadt viele Relikte der einstmals wichtigsten Betriebe heute so nachhaltig entfernt, dass die Erinnerung an die bedeutsame Geschichte der Braunkohleindustrie und an die berühmte Tonwarenfabrik mittlerweile am besten im »Stadtmuseum Schwandorf« nachvollzogen werden kann.

Die Tonwarenfabrik Schwandorf

Während weiter westlich die ersten Versuche unternommen wurden, Erz aus dem Boden zu holen, entstand in Schwandorf ab Anfang der 1860er-Jahre eine Verarbeitung von Bodenschätzen ganz anderer Art. Aus einer kleinen Ziegelei hatte sich dort eine professionelle Ziegel- und Braunkeramikherstellung entwickelt, die ab 1873 als »Tonwarenfabrik Schwandorf« überregionale Bekanntheit erlangen sollte. Zunächst fertigte die Tonwarenfabrik erfolgreich Baumaterial – wie Dachziegel, Klinker und Rohre. Der dafür benötigte Ton wurde aus nahe gelegenen Tagebaugruben herangeschafft und die Brennöfen wurden bereits mit Gas aus der Oberpfälzer Braunkohle betrieben. Die Schwandorfer Ringöfen mit Gasfeuerung wurden 1877 sogar patentiert und zählten zu den leistungsfähigsten Öfen ihrer Zeit.

Dank der richtungsweisenden Technologie arbeitete die Tonwarenfabrik so erfolgreich, dass 1882 in Wiesau und 1895 in Pirkensee erste Zweigwerke entstanden. Wie eng dennoch der Bezug zur Zentrale in Schwandorf war, zeigte auch das Firmenlogo, das ab 1883 ein Schwan zierte. In der Folgezeit wurde das Sortiment schrittweise erweitert und das Unternehmen stetig vergrößert.

Doch der Erste Weltkrieg hatte zunächst einen deutlichen Rückgang der Produktion zur Folge. Der Arbeitermangel führte sogar so weit, dass ganze Abteilungen geschlossen werden mussten. 1918 aber standen die Zeichen nach einem kurzen Stillstand wieder auf Expansion, denn in diesem Jahr wurden zwei bereits bestehende Betriebe in Schwarzenfeld und Amberg aufgekauft. Die Zwischenkriegszeit stand vor allem im Zeichen der Modernisierung und Elektrifizierung. Doch die unruhigen Zeiten erlaubten keinen stetigen Erfolg, sodass die Tonwarenfabrik ein – wenn auch unabhängiger Teil – der »Thüringer Kahla Porzellanwaren AG« wurde. 1929 wurden schließlich die Zweigwerke in Pirkensee und Amberg geschlossen.

Als sich die Wirtschaft in den Folgejahren erholte, hatte sich die Schwandorfer Fabrik auf Sanitärkeramik und Großgefäße spezialisiert. Doch der Zweite Weltkrieg sorgte für einen weiteren schweren Rückschlag. Nicht nur, dass erneut Arbeiter fehlten und die Kohleknappheit den Betrieb erschwerte, ein Bombenangriff zerstörte im April 1945 das Hauptwerk in Schwandorf vollständig. Weil aber die Zweigwerke in Schwarzenfeld und Wiesau den Krieg unbeschadet überstanden hatten, wurde auch die Zentrale in

Kurioses Ausstellungsstück des Stadtmuseums: eine Toilette aus Braunstein

Schwandorf wieder aufgebaut und der Betrieb 1949 erneut aufgenommen. Doch der Einfluss der »Kahla AG« stieg beständig, ehe
die Tonwarenfabrik 1959 vollständig in dem Konzern aufging und
zu einer Zweigstelle herabgestuft wurde. Die Produktion ging daraufhin immer weiter zurück, ehe 1994 auch der letzte Keramikbe-
trieb auf dem Gelände der Tonwarenfabrik den Betrieb einstellte.
Heute ist das Betriebsgelände vollständig zurückgebaut und einem
anderen Verwendungszweck zugeführt worden.

Das Bayernwerk

Ein anderer Oberpfälzer Bodenschatz war die reichlich vorhandene
Braunkohle zwischen den nahe gelegenen Orten Wackersdorf und
Steinberg am See, die ab 1899 industriell abgebaut wurde. Hierfür

wurde 1906 die »Bayerische Braunkohlen Industrie AG«, kurz »BBI«, gegründet, die künftig den Abbau und die Verwertung der Braunkohle verwalten sollte. Von 1928 bis 1930 wurde für die Energiegewinnung im südöstlichen Schwandorfer Stadtteil Dachelhofen ein eigenes Braunkohlekraftwerk errichtet.

Die benötigte Kohle kam direkt aus den benachbarten Tagebaustätten zwischen Wackersdorf und Steinberg. In den folgenden Jahrzehnten wurde die Braunkohleindustrie zu einem der größten Arbeitgeber der Region und das Kraftwerk zu einem bedeutenden Energielieferanten.

Als 1982 die Braunkohlevorräte in der Oberpfalz erschöpft waren, wurde der Betrieb des Kraftwerks durch den Ankauf von tschechischer Braunkohle gesichert. 2002 nahm E.ON, das Bayernwerk-Nachfolgeunternehmen, das Kraftwerk schließlich vom Netz und ließ die Anlage in den Folgejahren zurückbauen und ein Gewerbegebiet anlegen.

Das »Stadtmuseum Schwandorf« – Bewahrer der industriellen Erinnerung

Auch wenn die Werksgelände der Tonwarenfabrik und des Braunkohlekraftwerkes heute in Hauptteilen nicht mehr existieren, kann man deren Bedeutung und ihre Geschichte noch nachvollziehen, denn das »Stadtmuseum Schwandorf« stellt beide Themen ausführlich vor. Doch auch andere Aspekte der für die Stadtentwicklung bedeutenden Industriegeschichte finden sich in der vielfältigen Sammlung.

Die Dauerausstellung beginnt mit einer im historischen Stil restaurierten Schmiede, ehe sich das Museum in verschiedene Themengebiete aufteilt. Der Rundgang durch die Stadtgeschichte startet mit einem Abriss über das Museum selbst und führt weiter zur eigentlichen Stadthistorie. Hier reichen erste Siedlungsspuren in den umliegenden Flusstälern bis in die Ur- und Frühzeit zurück. Vorbei an der Schwandorfer Vereinsgeschichte und der Abteilung zur Volksfrömmigkeit erreicht man schließlich die Abteilung der lokalen Handwerkstradition mit einer original eingerichteten Oberpfälzer Wagenschmiede. Die folgende Sammlung von Einrichtungsgegenständen aus dem 18. und 19. Jahrhundert gibt einen Einblick in die Schwandorfer Lebenswelt zwischen traditionellem Landleben und aufkeimender Industrialisierung und der damit auch in Schwandorf verbundenen Etablierung von städtebürgerlichem Wohnen.

Stadtmuseum Schwandorf
Rathausstr. 1, 92421 Schwandorf
Tel. 0 94 31/4 15 53, www.schwandorf.de
Mi, Fr u. So 14.00–17.00, Do 12.00–18.00
Erwachsene 1 €, ermäßigt 0,50 €

Im Obergeschoss kann man zudem die lokale Industriegeschichte sowie die zugehörige Infrastruktur näher kennenlernen. Besonders die Eisenbahn spielt in diesem Zusammenhang eine wichtige Rolle. Vor allem das detaillierte Modell des ehemaligen »BBI«-Kraftwerks sticht dabei heraus, vermittelt es doch einen realistischen Eindruck der Ausmaße und der Struktur jener Anlage, die heute kaum mehr nachzuvollziehen ist. Auch die Tonwarenfabrik, ihre Produkte und ihre Geschichte finden im Museum einen angemessenen Platz. Zwischen Steingutgeschirr, alten Dachziegeln, Gärbehältern und Klinkerplatten gibt es sogar ein Trichterklosett aus braunem Steinzeug zu besichtigen.

Daneben liegt das neu eingerichtete »NaturInfoZentrum« des Museums. Es präsentiert die Naturräume des Schwandorfer Landkreises, die gemeinsam mit den Bodenschätzen die Grundlage für die vielfältige Gewinnung und Nutzung in der Region bilden.

Mühlen und Schwerindustrie – unterwegs zwischen Teublitz und Maxhütte-Haidhof

Etwa zwölf Kilometer südlich von Schwandorf, direkt an der B15, liegt die Stadt Teublitz. Im Stadtteil **Münchshofen** befindet sich das Anwesen der **»Alten Schleif«**. Sie ist eine der letzten, zumindest rudimentär erhaltenen Schleifmühlen, die es im 19. Jahrhundert entlang der Naab zuhauf gegeben hat. Die Aufgabe der Mühlen war es, das noch blinde Flachglas, das aus den Glaswerken kam, durch Schleifen und Polieren klar und durchsichtig werden zu lassen. Die Schleiferei in Münchshofen wurde 1890 gegründet und von einer Mühle angetrieben, die bereits zuvor als Hammerwerk genutzt worden war. Die »Alte Schleif« arbeitete über Jahrzehnte überaus erfolgreich und überstand sogar zwei Weltkriege. Doch

1954 erwies sich die Fabrik als nicht mehr rentabel und wurde geschlossen.

Von hier aus geht es zunächst in Richtung Süden, aus dem Ort heraus, bis an die **Naab**. Dort führt ein ruhiger Wanderweg direkt am Fluss entlang. Nach etwa zwei Kilometern zweigt der Weg am Krombachweiher in Richtung Teubliz ab und mündet in die Rötlsteinstraße.

Links an der B15 entlang erreicht man schließlich die Maxhütter Straße, die direkt zum **ehemaligen Hüttenwerk der Maxhütte-Haidhof** führt. Bereits 1851 wurde eine erste Gesellschaft zur Förderung der Braunkohle ins Leben gerufen, aus der schließlich die Sauforster Hütte entstand, der Vorläufer der Maxhütte. Im selben Jahr wurden die ersten Schächte und die »Zeche Auguste« gebaut. Schließlich entstand die »Eisenwerk-Gesellschaft Maxhütte« mit dem Stammwerk Haidhof. Erst als 1889 die Maxhütte Sulzbach-Rosenberg in Betrieb genommen wurde, zog auch die Firmenleitung dorthin um. Doch die Fabrik wuchs beständig und wurde zum sicheren Arbeitgeber für Hunderte Menschen, die sich nach und nach rund um das Werk ansiedelten. Bis 1908 war die Bevölkerung der Maxhütte bereits auf 800 Personen angewachsen. Auch die beiden Kriege überstand die Maxhütte-Haidhof. 1953 wurde die neue Kommune Maxhütte-Haidhof sogar zur Stadt

Die »Alte Schweif« in Teubliz-Münchshofen

Ehemaliges Pförtnerhäuschen der Maxhütte-Haidhof

erhoben. Mit dem Umbau der Maxhütte in eine Kaltwalzanlage in den 1970er-Jahren schien zudem die wirtschaftliche Zukunft gesichert.

Die wirtschaftlichen Schwierigkeiten der Maxhütte Sulzbach-Rosenberg trafen zuerst das Stammwerk in Haidhof, das 1985 zunächst verkauft wurde, ehe 1987 die Produktion eingestellt wurde. 1990 wurde das Werk endgültig stillgelegt. Die Stadt, die sich ausschließlich um die Maxhütte herum entwickelt hatte, stand vor großen Schwierigkeiten.

Doch die Maxhütte Haidhof sollte eine andere Zukunft erwarten als das Hauptwerk in Sulzbach-Rosenberg. Denn während die Anlagen dort vor sich hin rosten, ist in das Eisenwerk neues Leben eingezogen. Größere und kleinere Unternehmen, allen voran die Firma Läpple, haben sich in dem Areal eingemietet und profitieren von der guten Infrastruktur.

Da die Anlage noch immer Firmeneigentum ist, kann die Maxhütte nicht betreten werden. Ein Rundgang um das weitläufige Areal lohnt sich aber dennoch. Auf Höhe der Schwandorfer Straße empfiehlt es sich allerdings umzukehren, da dahinter eine Bahntrasse das Gelände kreuzt und ein gesicherter Bahnübergang erst nach knapp einem Kilometer kommt. Auf demselben Weg führt der Rundgang wieder zur Naab und dann auf der anderen Uferseite zurück zum Ausgangspunkt.

Am Rande des Weges – die Carolinenhütte Kallmünz

Die Carolinenhütte Kallmünz war eine von vielen Eisengießereien, die das Oberpfälzer Erz im 19. Jahrhundert verarbeiteten. Sie wurde zu Beginn des 19. Jahrhunderts gegründet und arbeitete zunächst sehr erfolgreich.

Aus dieser Zeit stammt auch die alte Fabrikantenvilla auf dem Berg. Sie wurde ganz im Stile der damaligen Industriebarone erbaut und 1832 fertiggestellt. Sie sollte die Macht und den Reichtum des Fabrikbesitzers repräsentieren. Doch gegen Ende des 20. Jahrhunderts sorgte die großindustrielle Konkurrenz der Maxhütten für ein Aussterben der kleineren Gießereien. Auch die Carolinenhütte musste 1892 zunächst geschlossen werden.

Allerdings entging die Fabrik der endgültigen Stilllegung. Der Unternehmer Peter Höllein erwarb 1895 das Unternehmen und führte die Gießerei als Hersteller von Spezialteilen in eine Marktnische. Bis heute betreibt die Familie das Unternehmen in fünfter Generation.

Die Carolinenhütte Kallmünz ist immer noch Heimstätte einer Eisengießerei.

Oberpfälzer Seenland
Die Braunkohle und das verschwundene Dorf

Das Oberpfälzer Seenland ist heute eines der beliebtesten Erholungsgebiete in Nordbayern. Zahlreiche Badegäste bevölkern an warmen Sommertagen die Strände und das Wasser ist überfüllt mit Segelbooten. Nur wenig erinnert heute noch daran, dass an dieser Stelle vor etwas mehr als 30 Jahren riesige Tagebaubagger die Erde umgegraben haben, um Braunkohle abzubauen.

Tour: Wanderung von Wackersdorf um den Knappensee nach Steinberg und zurück.

Länge: 8 km.

Dauer: Ca. 90 Min. Wanderung + 45 Min. Museum Wackersdorf + 30 Min. Geotop Wackersdorf + 30 Min. Museum Steinberg.

Familie: Die Wanderung verläuft rund um den Knappensee auf geschotterten Straßen bei geringen Höhenunterschieden.

Saison: Ganzjährig, empfohlen zwischen Frühjahr und Herbst.

Variante: Von Steinberg aus bietet sich die Möglichkeit, den Steinberger See zu umwandern, der Gesamtrundgang erweitert sich auf dann 12,5 km.

Anfahrt: *Kfz:* Über die A 6 bis Amberg Nord und über die B 85 bis Wackersdorf, dann Richtung Seenland. *ÖPNV:* Mit der Regionalbahn bis Schwandorf, weiter mit dem Bus 106, dann ca. 20 Min. Fußweg.

Service: Die Museen sind nicht barrierefrei.

Der Braunkohletagebau und das verschwundene Dorf

Wackersdorf ist eine kleine Gemeinde in der Oberpfalz, die wohl nie zu größerer Bekanntheit gekommen wäre, hätte der Schneidermeister Andreas Schubert nicht um 1800 bei der Grabung für einen Brunnen ein seltsames braunes Material entdeckt, das nur wenige Meter unter der Oberfläche lag. Schnell wurde klar, dass es sich bei der seltsamen Masse um Braunkohle handelte, doch die

Objekt der Begierde:
In Wackersdorf drehte sich 100 Jahre lang fast alles um die Braunkohle.

vorgefundene Menge erschien als zu gering, um weitere Grabungen durchzuführen. Dennoch versuchte man 1840 erstmals, Braunkohle in der Region abzubauen, um die ersten Elektrizitätswerke mit Brennstoff zu versorgen. Doch bereits fünf Jahre später wurde das Unternehmen wieder aufgegeben.

Es sollte noch bis 1889 dauern, ehe der Braunkohlebergbau wieder aufgenommen wurde. Ein Grund dafür dürfte wohl auch die Schwandorfer Tonwarenfabrik gewesen sein, die ihre patentierten Ringöfen mit Braunkohlegas betrieb. Der industrielle Tagebau der Braunkohlefelder begann schließlich 1906 mit der Gründung der »Bayerischen Braunkohle Industrie AG«. Die großflächig abgebaute Kohle wurde nach Schwandorf verbracht und dort im 1930 gegründeten Kohlekraftwerk verwertet.

Die Hochzeit der Braunkohleförderung erreichte Wackersdorf nach dem Zweiten Weltkrieg. 185 Millionen Tonnen Braunkohle wurden insgesamt aus dem Oberpfälzer Boden gehoben. Dem riesigen Tagebaugebiet musste letztlich auch Wackersdorf selbst weichen. Bereits in den 1920er-Jahren war erstmals über die Verlegung des Dorfes nachgedacht worden, doch der Zweite Weltkrieg beendete zunächst das Vorhaben. Bereits 1948, noch vor der Gründung der Bundesrepublik, wurde das Vorhaben endgültig beschlossen. Bis 1952 wurden schließlich 1 200 Einwohner in

Modell des Braunkohlebaggers in einem Diorama des Museums Wackersdorf

das »neue« Wackersdorf umgesiedelt, während der alte Ort den Braunkohlebaggern zum Opfer fiel.

Der Tagebau wurde bis September 1982 erfolgreich fortgeführt und Wackersdorf entwickelte sich zu einer der wohlhabendsten Gemeinden in Bayern. Als die verbliebenen Braunkohlegruben nahezu erschöpft waren und billige Importkohle das Ende des Tagebaus einleitete, wurden die riesigen Bagger schließlich entfernt und der Braunkohleabbau beendet. Zurück blieb ein gigantisches ungenutztes Grubengebiet.

Doch die »BBI« und ihr Nachfolger »E.ON« hatten sich bereits zu Hochzeiten des Tagebaus verpflichtet, die Kohlegruben nach Abschluss der Förderarbeiten wieder zurückzubauen. Zunächst wurden die verbliebenen Maschinen entfernt oder einfach gesprengt, ehe die Gebiete geflutet wurden. Die Ufer der neu entstandenen Seen wurden wieder renaturiert und ein modernes Erholungsgebiet angelegt.

Auch die Wackersdorfer Wirtschaft konnte an die langjährige Erfolgsgeschichte anknüpfen. In den 1980er-Jahren hatte die Planung für die Errichtung einer Wiederaufbereitungsanlage (WWA) für Uranbrennstäbe begonnen, mit der ein Großteil der durch das Ende des Tagebaus weggefallenen Arbeitsplätze aufgefangen werden sollte. Doch im Proteststurm der Atomkraftgegner musste das Projekt 1989 endgültig eingestellt werden. Dafür besaß Wackersdorf nun ein großflächiges und gut erschlossenes, wenn auch ungenutztes Gewerbegebiet, denn die Bauarbeiten an der »WAA« hatten bereits 1985 begonnen. Zudem erhielt die Gemeinde eine großzügige Entschädigung für die Beendigung des Projektes. Auf dieser Grundlage entwickelte Wackersdorf ein erfolgsversprechendes Gewerbe- und Freizeitkonzept, dank dessen Umsetzung der Ort heute mehr Arbeitsplätze als Einwohner hat.

Wackersdorf und Steinberg – zwei Museen, ein Thema

In Wackersdorf und Steinberg erinnern heute zwei Museen, ein Geotop und ein Lehrpfad an die in Bayern einmalige Geschichte des Braunkohletagebaus.

Wackersdorf

Das »Heimat- und Industriemuseum Wackersdorf« liegt inmitten des ehemaligen Betriebsgeländes der »BBI« und damit in einem idealen historischen Umfeld. Es dokumentiert die Geschichte der Braunkohleförderung von den Anfängen des Tagebaus über die Umsiedlung des Ortes bis hin zur Stilllegung des Betriebes und der Rekultivierung des ausgebeuteten Gebietes.

Heimat- und Industriemuseum Wackersdorf
Im Werk 27, 92442 Wackersdorf
Tel. 0 94 31/7 43 60
Apr–Okt 1. So im Monat 14.00–17.00
Erwachsene 1 €, Kinder bis 16 Jahre 0,50 €, bis 6 Jahre frei

Da die Braunkohlegruben nicht mehr existieren und die Grubenbagger schlicht zu groß sind, nutzt das Museum verschiedene Dioramen, um die Dimensionen des Tagebaus anschaulich zu machen. Mit einem Modell des ersten Dorfes dokumentiert der vordere Abschnitt den Beginn der Kohleförderung und die Umsiedlung von Wackersdorf. Danach folgen die beiden detaillierten Dioramen des Wackersdorfer Tagebaus.

Einen weiteren Schwerpunkt bildet die wechselhafte Geschichte der Wiederaufbereitungsanlage für atomare Brennstäbe. Von den ersten Planungen in den 1980er-Jahren über die anhaltenden Proteste bis hin zur Verwerfung des Projektes im Jahr 1989, inklusive Nachfolgenutzung des dafür vorgesehenen Areals, verschweigt die Ausstellung auch unangenehme Details nicht. Außerdem widmet sich das Museum den Themen Natur und Feuerwehr, die im Untergeschoss ihren Platz gefunden haben.

Steinberg

Das Museum in Steinberg bildet im Zusammenschluss mit dem »Heimat- und Industriemuseum Wackersdorf« das einzige Braunkohlemuseum Süddeutschlands.

Inmitten der ehemaligen Braunkohlegruben gelegen, bietet es ein übersichtliches Bild vom Tagebau in dieser Region. Verschiedene Bereiche klären über die Arbeit, den Transport, die verschiedenen Werkstätten und das Leben im Oberpfälzer Braunkohlegebiet auf. Nach einer dokumentarischen Einführung in die Wackersdorfer Braunkohlegeschichte zeigt das erste Diorama den mittelalterlichen Kohleabbau. Vorbei an riesigen Stahlkugeln eines Kugellagers für Grubenbagger erreicht man das nächste kleine Diorama, das einen ebensolchen Bagger zeigt.

Braunkohlemuseum Steinberg am See
Pfarrer-Gschwender-Str. 5, 92449 Steinberg am See
Tel. 0 94 31/6 44 77
Apr–Okt 1. So im Monat 14.00–17.00
Erwachsene 1 €, Kinder bis 16 Jahre 0,50 €, bis 6 Jahre frei

Auch die nächsten Räume präsentieren unterschiedlichste Exponate rund um den Bergbau in der Oberpfalz. Die Räume zur Frömmigkeit und zum Alltagsleben stellen einen interessanten Bruch des Themas dar, gehören aber andererseits auch zu den Lebenswelten der Braunkohlekumpel und ihrer Familien. Das Dachgeschoss wiederum zeigt die Vielfalt der Handwerksbetriebe und anderer Industrien. So zeigt das Modell einer Kiesgrube, dass in der Region nicht nur Braunkohle abgebaut wurde.

Infopunkt am Bergbaulehrpfad Knappensee

Auf den Spuren der Braunkohle

Ausgangspunkt der Rundwanderung durch das Oberpfälzer Seenland ist das »Heimat- und Industriemuseum Wackersdorf«. Es
befindet sich auf dem ehemaligen Werksgelände der »BBI«. Der
Eingangsbereich des benachbarten Verwaltungsgebäudes zeugt
noch von der ehemaligen Größe der Braunkohleindustrie, insbesondere das aufwendig gestaltete Tor, dessen Original im Trep-
penhaus des Wackersdorfer Museums ausgestellt ist.

Von hier aus führt der Weg zunächst zur Hauptstraße, an der
keine 50 Meter weiter rechts der neu gestaltete »Geopark Wackersdorf« liegt. Dieser dokumentiert anschaulich die Geologie der
Region und die Entstehung der Kohleflöze.

Auf der gegenüberliegenden Straßenseite befindet sich der
»Museumspark Wackersdorf«. Die Anlage beherbergt jene Exponate, die für das Museum zu groß waren. Hier finden sich neben
einem Werkszug der »BBI« auch die Schaufel eines Grubenbag-
gers, eine Turbine und verschiedene andere sehenswerte Objekte
des Wackersdorfer Tagebaus.

Der Bergbaulehrpfad läuft rund um den idyllischen Knappensee, die einstige Tagebaugrube.

Der **Bergbaulehrpfad** beginnt im hinteren Teil des Parks und führt rund um den **Knappensee**, der früher ebenfalls eine Braunkohlegrube war. In regelmäßigen Abständen informieren Beschilderungen über spezielle Orte, technische Details oder andere Themen des Braunkohlebergbaus. Nach einigen Hundert Metern führt der Pfad auf eine Lichtung. Dort ist eine kleine **Ausstellung** aufgebaut. Neben einer alten Moorleiche, die in der Grube gefunden wurde, sind auch einige alte Loren aus dem Tagebau aufgebaut.

Der Rundweg führt wieder in den Wald hinein und weiter auf dem Lehrpfad am Seeufer entlang. An der nächsten Kreuzung ist der weitere Verlauf nicht gut beschildert. An dieser Stelle zweigt die Route nach links ab und in Richtung Steinberg zum **Braunkohlemuseum**.

Über die Schloßstraße geht es links auf die Seestraße. Von dieser zweigt rechts die Straße »Am Loiblweiher« ab, die direkt zum **Damm zwischen Steinberger- und Knappensee** führt. Von der Mitte des Dammes aus hat man einen idealen Blick auf beide Seen und erhält einen einmaligen Eindruck von den Dimensionen dieses Bereichs des ehemaligen Tagebaugebietes. Auf der anderen Uferseite des Knappensees führt der Rundgang wieder zurück zum Museumspark.

Am Rande des Weges – der Reichhart-Schacht

Nordwestlich von Stulln erhebt sich ein stählerner Förderturm in den Himmel. Verschiedene verrostete Bergmannswerkzeuge stehen nebeneinander, und eine alte Dampfmaschine verwittert am Straßenrand. Vom einstmals regen Bergbaubetrieb ist heute nicht mehr viel zu spüren. Doch das Revier Nabburg-Stulln war bis in die Mitte des 20. Jahrhundert ein beliebtes Abbaugebiet für verschiedenste Bodenschätze, insbesondere von Flussspat, der für den Verhüttungsprozess verwendet wurde. In bis zu zwölf meist kleinen Gruben wurde in dieser Region Bergbau betrieben, oft mit vorindustriellen, handwerklichen Methoden. Dennoch lieferte die Oberpfalz über Jahrzehnte hinweg fast die Hälfte des deutschen Flussspats.

Im Jahr 1890 begann auch Wilhelm Reichhart damit, in Stulln Flussspat abzubauen, den er zufällig bei der Grabung nach einem Brunnen entdeckt hatte. Da dieser für die Produktion von Glas sehr beliebt war, grub er einen 40 Meter tiefen Schacht, förderte das Mineral und brachte es mit einem Pferdefuhrwerk zum Bahnhof Schwarzenfeld. Von dort wurde es zu den großen böhmischen Glashütten transportiert, die bis zur Schließung der Hauptkunde blieben. In den Anfangsjahren förderte Wilhelm Reichhart den Flussspat mithilfe eines handbetriebenen Seilzugs an die Oberfläche, ehe er sich einen Pferdegöpel leisten konnte.

40 Jahre blieb das Bergwerk in Betrieb, ehe es 1921 stillgelegt wurde. Bis vor wenigen Jahren war es noch möglich, das ehemalige Bergwerk im Zuge einer Führung zu betreten, doch mittlerweile wurde es geflutet und ist nicht mehr begehbar.

Literaturtipps

Christian Bedeschinski, *Maxhütte. Legenden und Wahrheit des Untergangs*, © 2009 VBN Verlag B. Neddermayer, Berlin

Manfred Bräunlein, *Ludwigskanal und Eisenbahn. Wege und Irrwege zwischen Main und Donau*, ©2003 Verlag PH. C. W. Schmidt, Neustadt an der Aisch

Renate Kubli, *Mühlen und Hammerwerke. Eine Epoche technisch-kultureller Entwicklung am Beispiel der Stadt Lauf*, © 1986 Falmer-Verlag, Lauf an der Pegnitz

Stadt Nürnberg / Kulturladen Gartenstadt (Hrsg.): *Die Gartenstadt Nürnberg, Band 1 u. 2*, © 2001 G & S Verlag, Nürnberg

Eberhard Urban: *175 Jahre Deutsche Eisenbahn. Vom Adler 1835 zum ICE heute*, © 2010 Podszun, Brilon

Wolfgang Wüst (Hrsg.): *Industrielle Revolution. Regionen im Umbruch: Franken, Schwaben, Bayern, Franconia 6*, © 2013 Zentralinstitut für Religionenforschung / Wi Komm Verlag, Erlangen

Dieter Ziegler u. Uwe Puschner, *Die Industrielle Revolution, Geschichte kompakt*, © 2013 WBG Wissenschaftliche Buchgesellschaft, Darmstadt

Register